MONIKA MARON

WAS IST EIGENTLICH LOS?

Ausgewählte Essays
aus vier Jahrzehnten

Mit einem Vorwort von
Jürgen Kaube

Hoffmann und Campe

1. Auflage 2021

www.hoffmann-und-campe.de
Umschlaggestaltung: Vivian Bencs © Hoffmann und Campe
Umschlagabbildung: © Andreas Pein / Laif
Satz: Pinkuin Satz und Datentechnik, Berlin
Gesetzt aus der Adobe Garamond Pro
Druck und Bindung: GGP Media GmbH, Pößneck
Printed in Germany
ISBN 978-3-455-01163-0

HOFFMANN
UND CAMPE

Ein Unternehmen der
GANSKE VERLAGSGRUPPE

INHALT

VORWORT

von Jürgen Kaube

I

Monika Marons Eingriffe begleiten uns seit mehr als dreißig Jahren. Wie viele im Westen Deutschlands las ich von der Schriftstellerin zum ersten Mal etwas im Juli 1987. Da hatte sie schon zwei Romane, darunter den berühmten *Flugasche*, und einen Erzählungsband veröffentlicht. Viel bekannter aber wurde sie damals durch ihren öffentlichen Briefwechsel mit dem Autor Joseph von Westphalen. Maron war sechsundvierzig Jahre alt und lebte seit 1951 in Ost-Berlin. Sie war die Stieftochter eines ehemaligen Innenministers der DDR, zunächst Journalistin von Beruf, von 1976 an dann freie Schriftstellerin, deren Werke im Osten aber nicht gedruckt wurden. Und nun tauschte sie Briefe mit einem westdeutschen Publizisten aus, die wöchentlich im Magazin der *Zeit* abgedruckt wurden. Das war schon als Vorgang ungewöhnlich. Am Ende des Briefwechsels hatte die DDR als Staat noch anderthalb Jahre, doch das wusste niemand.

Nach wenigen der Briefe war klar, wie viele Missverständnisse den deutsch-deutschen Gedankenaustausch erschwerten. Zumeist waren es einseitige Missverständnisse, sie beruhten auf Unkenntnis und auf zu umstandslosem Hinschreiben. Unvergesslich bleibt, wie Westphalen den Spruch »Schwerter zu Bierdosen!« aufnahm, eine damalige Persiflage auf das friedensbewegte »Schwerter zu Pflugscharen!«, um Monika Maron zu fragen, ob der »pfiffige« Aufruf womöglich aus der DDR stamme. Maron: In der DDR gebe es gar kein Dosenbier. Und kein Verwaltungsrecht, das einem im Umgang mit dem Staat womöglich nützlicher sei als Pfiffigkeit. Man dürfe sich beschweren, könne aber nicht klagen. Maron störten außerdem die Projektionen. In der DDR nenne niemand, den sie kenne, sein Freizeithäuschen »Datscha«, das sei ein Ausdruck von Westdeutschen. »Und waren Sie auch in Wohnungen?«, fragt sie noch 2019 diejenigen, die ihr Urteil über die DDR in Gaststätten und bei Stadtrundgängen bildeten. Mehr aber noch als über Ahnungslosigkeiten war Maron früh darüber verärgert, wie schematisch das Verhältnis gedeutet wurde: »Warum können Sie es eigentlich nicht lassen, jeden Unterschied zwischen Ihnen und mir zum Unterschied zwischen Ost und West zu erklären!«

Dieser reizbare Überdruss an undurchdachtem Reden, Fühlen und Verhalten findet sich auch in vielen der hier versammelten Stücke von Monika Maron dokumentiert. Die Adresse ihrer Wortmeldungen ist nicht, wie bei manchen Intellektuellen, in erster Linie die Politik. Sie reflektiert zumeist nicht oder protestiert gar gegen staatliche, juristische oder wirtschaftliche Entscheidungen. Der Gestus des »Ich verstehe zwar wenig davon, aber ich sage trotzdem mal etwas sehr Entschiedenes dazu«, den manche intellektuelle Einlassungen zur Gegenwart pflegen, ist ihr fremd. Kaum ein Aufsatz aus ihrer Hand, in dem die Mitteilungen über gesellschaftliche Vorkommnisse nicht durch die erläuternde Mitteilung privater Erfahrungen unterstützt würden. Wäre es nicht paradox, so könnte man sagen, der Gegenstand wie die Adresse ihrer Schriften sind deutsche Mentalitäten. Aber es ist paradox, denn Mentalitäten haben gar keine Adresse. »An alle, die es angeht«, lautet ihr Motto.

Im Jahr 1992 wendet sich Monika Maron beispielsweise gegen den Glauben vieler ihrer ostdeutschen Landsleute, die Wiedervereinigung habe ihnen die Würde genommen. So viel Würde sei aber, so sagt sie, zuvor gar nicht dagewesen, wie jetzt angeblich abhandengekommen sein sollte. Tatsächlich vermissten viele nur die Gleichheit und rechneten in ihre Ungleichheitsbilanz weder die eigene Treuherzigkeit bei Wahlen ein, noch die geringen Mieten im Osten oder die Lage anderer postkommunistischer Länder wie Polen, Ungarn, Russland. Unerwachsene Haltungen also regen Maron auf, die sich verbreitende Bereitschaft etwa, Opferrollen einzunehmen und betroffen Klage darüber zu führen, wenn Erwartetes nicht eintritt, der »dauerpubertäre« ziellos trotzige Protest mittels Beleidigtsein. Sie hat diese Einstellungen, die sich heute überall finden, früh an ostdeutschen Reaktionen nach der Wende registriert.

Ihnen stellt sie, der Erfahrung von 1989 entnommen, entgegen, »woran es diesem Land bis zur Psychose mangelt: die Lust zu leben«. Woran es *diesem Land* mangelt. Nicht »den Ostdeutschen«, auch wenn es an jener Stelle um sie ging. Dass uns die Lust zu leben fehlt, ist ein sehr hartes

Urteil, aber ist es abzuweisen? Gut siebzig Jahre zuvor hatte der französische Intellektuelle Jacques Rivière in seinem Buch *L'Allemande* ein ähnliches Urteil über die Deutschen gefällt, wie er sie in vierjähriger Kriegsgefangenschaft von 1914 bis 1918 erlebt hatte. Die Deutschen, hieß es dort, führten alles, was man ihnen vorgebe, mit großer Akribie und Sachlichkeit aus, »fromm und stark«, aber sie wüssten selbst nicht, was sie wollten. Es fehle ihnen die Leidenschaft, ein Gefühl dafür, wofür sie sich auf jeden Fall entscheiden und dafür, was sie auf keinen Fall tun würden.

Zu solcher Indifferenz hat Marons Biographie das »antifaschistische Kind«, das sie war, nicht disponiert. Wer Geschichte im Sinne des Durchlebthabens von dramatischen Umbrüchen wesentlich nur aus dem Schulunterricht, dem Studium und den Medien kennt, der hat in bestimmter Weise Glück gehabt. Viele Umbrüche sind keine guten und niemandem zu wünschen. In anderer Hinsicht verschiebt sich dadurch aber die Gelegenheit zur Willensbildung und zum Selbstbewusstsein davon, was es heißt, unter extremen Umständen nicht den Verstand zu verlieren. Gar keine Umbrüche verführt zum Verdämmern des Freiheitsgefühls. Monika Marons jüdisch-polnischer-sozialistisch-bürgerlicher-ost-westdeutscher Lebenslauf ist darum sehr eindrücklich. In ihren Essays wie in ihren Romanen zeichnet sie nach, wie Geschichte in Familien und Paarbeziehungen nicht nur vorkommt, sondern auf sie durchschlägt, weil sie dort zu Handlungen aufruft. Fast niemand ist Innenminister der DDR, aber alle müssen ihre private Geschichte mit der des Weltlaufs auf irgendeine Art verbinden. Marons Stück über Lebensentwürfe und Zeitenbrüche in diesem

Band ist der Entwurf eines ganzen Forschungsbereichs über Biographien.

Sobald es zu Umbrüchen kommt, kann sich ihnen niemand entziehen, ohne durch den Entzug Schaden zu nehmen. Die Geschichte der zwei Brüder, die Maron im Jahr 1995 erzählt hat und die sich wie die Essenz eines ganzen Romans liest, ist ein Sinnbild dafür. Denn auch die Indifferenz gegen Geschichte, das bloße Sicheinrichten oder das Streben nach unbeschadetem Durchkommen, hat Kosten und wird von ihnen oft eingeholt. Was privat die verbreitete Wahl ist, das Ausweichen und die Versuche, sich stumm zu arrangieren, lässt gesellschaftlich ein Land hinter seinen Möglichkeiten zurück. Hier liegt die intellektuelle Aufgabe, die Monika Maron in vielen ihrer Texte sich stellt: zum Bewusstsein solcher besseren, wenngleich nicht ohne Verzichte ergreifbaren Möglichkeiten aufzurufen.

Im Jahr des Mauerfalls schreibt sie so, »das Volk in der DDR« sollte niemandem gestatten, sich dieses Augenblicks zu bemächtigen, weder Kalten Kriegern noch denen, die nun mehr oder weniger verdruckst über das Ende der sozialistischen Utopie klagten. Weder das Bewusstsein der Schande des jahrzehntelang gebeugten Rückens noch das Gefühl, ihn jetzt endlich gestreckt zu haben, sollten vergessen werden. Im Osten Deutschlands, heißt es Jahre später in derselben Richtung, sei das demokratische System installiert worden, aber der demokratische Geist lasse sich nicht installieren. Denn der demokratische Geist, so darf man das zusammenziehen, ist genau jener, dem erinnerlich und gegenwärtig bleibt, wogegen er erkämpft wurde.

II

Die Umstände schriftstellerischer Intellektualität haben sich seit den Tagen Heinrich Heines geändert. Medial beispielsweise. So waren die Gebildeten, die ohne politischen Auftrag ihre Stimme geltend machen, seit jeher an Journale und an die Tagespresse gebunden. Heine spricht von »wilden, in Druckpapier gewickelten Sonnenstrahlen«, als er auf Helgoland von der Pariser Julirevolution erfährt. Was Intellektuelle sagen, steht seitdem in der Zeitung. Und selbst die späte, an ihrer Zeitungslektüre fast verzweifelnde Monika Maron kommt nicht darum herum, dieses Missvergnügen in Form eines Essays mitzuteilen, der in einer Zeitung abgedruckt wird.

Seit den sechziger Jahren jedoch und bis in die jüngste Gegenwart hinein wurde das Fernsehen für die Bildung einer massendemokratischen Öffentlichkeit viel entscheidender. Die Wiedervereinigung etwa war ein Ereignis, das sich über Sendungen mitteilte: Sendungen von Demonstrationen, Berichte über besetzte Botschaften und Pressekonferenzen. Man denke nur an Günter Schabowskis zögerndes »unverzüglich« und seine gewaltigen, grenzöffnenden Folgen.

Heute wiederum sind längst die digitalen Stürme und Wellen hinzugekommen, die das Profil von Stimmen einzelner Personen und also auch das von Intellektuellen schwächen. Es gibt inzwischen sehr viele Urteile, an denen nicht gearbeitet worden ist, sondern die der Subjektivität momentaner Mitteilungsbedürfnisse entspringen und zugleich anonym mitgeteilt werden. Manche halten diesen Trend zu unredigierten Texten, die selbst nur als Teil von größeren Textmengen Wirkung entfalten, für einen demokratischen Fortschritt. Endlich können alle publizieren. Doch selbst wenn das unter manchen Gesichtspunkten auch ein Rückschritt sein sollte, ist es einer, mit dem wir alle und mithin auch die Intellektuellen leben müssen.

Die Stimme der Intellektuellen wirkte sich außerdem früh in einem Meinungskampf um Mehrheiten aus. Der französische Streit um die angebliche Schuld des Hauptmann Dreyfus, die Geburtsstunde der Figur der Intellektuellen, war insofern bezeichnend. Es war ein Kampf darum, die Öffentlichkeit auf eine Seite zu ziehen und dadurch die Politik zu verpflichten. Intellektuelle sind insofern selbst dort der Idee demokratischer Verfahren verpflichtet, wo sie solche Verfahren nicht verwirklicht vorfinden, sondern nur an sie appellieren können. Wenn es auf ihren Beitrag ankommt, dann nur im Licht öffentlicher Debatten, die etwas bewirken. Dass Monika Maron in einem ihrer jüngeren Texte sogar ausbreitet, welche Parteien für sie noch wählbar sind, und dann dabei landet, am liebsten in Österreich wählen zu wollen, unterstreicht den Sprung, der heute zwischen Intellektualität und politischer Parteinahme liegt.

Eine letzte Bedingung der Intellektuellenrolle im Beruf der Literatur selbst. Als Heinrich Heine schrieb, gab es für Einwirkungen auf die lesende Öffentlichkeit noch kaum andere Kandidaten als Schriftsteller. Als Émile Zola seine Anklage gegen die Verfolger von Dreyfus formulierte, waren die Fächer der politischen Wissenschaft, der Soziologie oder gar der Vorurteilsforschung längst noch nicht institutionalisiert. Auch Staatsrechtler hätten sich damals nicht leicht hervorgewagt. Heute hingegen würde man wohl nicht als Erstes einen Romancier anrufen, um ein Urteil über einen Justizskandal zu bekommen. In dieser Situation steht die schriftstellerische Intellektualität stets in der Gefahr, nur gut formulierten Small Talk anbieten zu können, weil sie sich weder forschend noch professionell zu ihrem politischen Gegenstand verhält. Das bloße Meinen kommt deshalb nicht oder nur unehrlich um die Frage herum, wie für seine Meinungen denn auch Mehrheiten gewonnen werden können.

Was bleibt also für die Intellektuellen? Die Besonderheit vieler Interventionen von Monika Maron liegt darin, dass sie sich dieses Ungleichgewichts zwischen ihrer Stimme und der Masse der Meinungen bewusst ist. Sie verzichtet in ihren Texten nie auf das »Ich«, weil sie der Schlüsselgewalt persönlicher Erfahrung vertraut, auf den Bericht aus dem Alltag, auf die Anekdote. Die ernst genommene Erfahrung der Literatur hat hier intellektuelle Folgen, die denen der wissenschaftlichen Expertise im öffentlichen Diskurs ähneln. Dort werden, wenn es gut geht, Argumente auf ihre Darstellbarkeit geprüft. Literatur prüft Individualität auf Darstellbarkeit. Dass wir die im frühen neunzehnten Jahrhundert aufgeschriebene Geschichte über das Schicksal eines Pferdehändlers im sechzehnten Jahrhundert auch im einundzwanzigsten Jahrhundert nicht nur historisch verstehen, hat darum Konsequenzen für die Gegenwart. Monika Maron spricht von »intuitiver Erkenntnis« als ihrem literarischen Antrieb. Das gilt auch für ihre Aufforderungen, ernsthaft öffentlich zu streiten.

Verstehen und streiten heißt dabei, eines nicht zu akzeptieren: die Verachtung des Verstehens und des Streitens selbst, den unzugänglichen Dogmatismus einer ganz handgreiflichen Polemik gegen die Prämissen der Verständigung. Es ist lautstark und kurz angebunden über Monika Marons Kritik der fundamentalistischen Zurückweisungen solcher Prämissen geurteilt worden. Islamophob wurde sie gescholten, als handele es sich um eine Krankheit, die gleichwohl selbstverschuldet sei, und als gelte ihre Kritik den Muslimen als solchen und nicht denjenigen, die ihre Religion politisch in Stellung gegen Prinzipien wie die Gleichheit der Geschlechter, die Freiheit der Partnerwahl oder den religionsneutralen Gerichtssaal in Stellung bringen. Panikmache wurde ihr vorgeworfen, als existierten die am Ende von Verzicht auf Argumentation stehenden Gewalttaten – von Paris über Nizza und den Breitscheidplatz bis nach Hamburg-Barmbeck und Conflans-Saint-Honorine –, gar nicht oder als gingen sie nur aus schwierigen sozialen Lagen hervor, nicht auch aus religiösen Gesinnungen.

Maron fordert hier »die Solidarität der Aufgeklärten«, die Intoleranz gegen Intoleranz, den Primat der Freiheit gegenüber der Einfühlung in Kulturen. Sie verbindet diese Forderung mit ihren Erfahrungen aus der Zeit um 1989. Damals waren viele im Westen blind gegen die DDR als Diktatur, weil sie nach wie vor an irgendwelchen von 1968 hergebrachten Utopien hingen und dafür eine Leinwand brauchten. Die oben bezeichnete Unkenntnis kam passenderweise hinzu. Existierende Konflikte zur Projektionsfläche eigener, damit gar nicht zusammenhängender Absichten zu machen, geht Monika Maron besonders gegen den

Strich. Was hat die Beurteilung der DDR mit verblassten Akademikerphantasien im Westen zu tun, was die Diskussion über den fundamentalistischen Teil des Islam mit dem Unbehagen westlicher Autoren an ihrer eigenen religiösen Existenz? Dass Maron dieses Gebot, von Projektionen Abstand zu nehmen, in jedem ihrer eigenen Texte auf gleiche Weise durchgehalten hat, ist unwahrscheinlich. Aber wir können nicht beides haben, den zugespitzten Streit und jene Empfindlichkeit, die von sich derart überzeugt ist, dass sie Dissens im Grunde für unzumutbar hält.

WIR WOLLEN TRINKEN UND DANN EIN BISSCHEN WEINEN

Die Stadtmitte der Hauptstadt ist ihr westlicher Außenbezirk. Die Mitte ist die Grenze; das Nichtüberschreitbare ist die Mitte, auch des Denkens. Da, mitten in die Mitte hinein führt eine Tür, ein eisernes, braun angestrichenes Tor, durch das die von draußen kommen, von drüben, aus dem Westen, wie immer einer das nennt. Die Tür hat nur auf einer Seite eine Klinke, auf der anderen. Die Rede ist vom Bahnhof Friedrichstraße, dem symbolträchtigen Schauplatz von Stadtgeschichte, nationaler Geschichte, von unzähligen Familien- und Liebesgeschichten. Ein Ort voll stumpfer Dramatik.

Vor dieser Tür im Mittelbau des Bahnhofs stehe zuweilen auch ich und erwarte meine Gäste. Ich stehe im gleißenden, von den gelb gekachelten Wänden feindselig reflektierten Neonlicht inmitten anderer Wartender, glotze wie sie auf diese Tür, die alle paar Sekunden ein Menschlein ausspuckt, manchmal auch mehrere zugleich, ins Schloss fällt, sich öffnet, spuckt, wieder zufällt. Ich weiß, gleich neben der

Tür hängt ein Schild: Halt! Weitergehen verboten; ich weiß es, aber ich sehe es nicht, ich sehe nur auf die Tür, wie die Blicke aller Umstehenden magisch auf die Tür gerichtet sind. Einziger Zeitvertreib: die Personenbestimmung der Ankömmlinge, Ostmensch oder Westmensch. Die meisten sind Rentner, Ostmenschen also. Sie schleppen schwere Taschen und Beutel, wenn sie vom Einkaufen am Zoo oder in der Neuköllner Karl-Marx-Straße kommen, große Koffer, wenn sie Verwandte in Westdeutschland besucht haben. Einmal habe ich hier einen Gepäckträger gesehen, ebenso alt und auch so gebrechlich wie die Frau, deren Koffer er trug.

Bernauer Straße, 1992

Haben die schwer Beladenen sich samt ihrem Gepäck endlich durch den schmalen Spalt in der Tür bugsiert, retten sie sich zunächst an das eiserne Geländer, das ein zimmergroßes Areal vor dem Tor begrenzt. Da stellen sie ihr Gepäck ab, sortieren die Papiere, die sie in den nervösen, schweißfeuchten Händen halten, suchen unter den Wartenden jenseits der Absperrung nach einem, der ihretwegen da steht. Finden sie keinen, greifen sie seufzend oder entschlossen nach ihren Koffern und Taschen, schleppen sie und sich an den Taxistand vor dem Bahnhof, um sich ergeben in eine Schlange von 30 oder mehr Leuten einzureihen. Andere bleiben keuchend hinter der Tür stehen, bleich, öffnen einen Kragenknopf, tupfen sich mit einem Tuch den Schweiß von Stirn und Schläfen, während ihre Kinder oder Enkelkinder auf sie zustürzen und sie zu einer der beiden

Bänke mit insgesamt acht Sitzplätzen führen, die in dieser Wartehalle den Bedürftigen zugedacht sind. Der Weg vom Zug bis hierher war zu schwer, es gibt keine Rolltreppen, keine Gepäckwagen, die Wartezeiten an der Passkontrolle sind oft lang, Sitzgelegenheiten nicht vorhanden, die Luft ist schlecht. Dazu vielleicht die Angst wegen einem bisschen Schmuggel, Bücher oder Kassetten für die Enkel, wer weiß. Sie schaffen es bis hinter die Tür, gerade so.

An den Abenden finden sich auch jüngere Leute unter den einreisenden Ostmenschen, Teilnehmerinnen und Teilnehmer an dringenden Familienangelegenheiten, mehr Frauen als Männer, wie mir schien. Die Kinder und der zurückgebliebene Elternteil stehen gespannt am Geländer, bis eines der Kinder einen Blick durch den Türspalt wirft und schreit: »Mama kommt.« Der Mann freut sich, weil die Frau wieder da ist, die Kinder mustern gierig Koffer und Tüten, die Frau, von den Geheimnissen des heimkehrenden Reisenden umgeben, strahlt eine leichte Überlegenheit aus – ein fast normales Bild.

Schönhauser Allee Ecke Sredzkistraße, Prenzlauerberg

Es kommt vor, dass ein Angehöriger des Grenzorgans durch die Tür tritt und sich einen Weg durch die Wartenden bahnt. Ich habe selten erlebt, dass einer von ihnen bittet, er wartet, bis man ihm aus dem Wege geht. Bittet er doch, murmelt er etwas Unverständliches durch den fast geschlossenen Mund. Auf keinen Fall lächelt er.

Zuweilen frage ich mich, was wohl ein Westmensch – in dem elektrisch erleuchteten Anzeigenkasten über der braunen Tür als Bürger der BRD, Bürger Berlin (West) oder Bürger anderer Staaten bezeichnet –, was die Sinne eines solchen Westmenschen wohl wahrnehmen, wenn sich das Eisentor zum ersten Mal in seinem Rücken schließt: unsere ihn gleichgültig und erbarmungslos taxierenden Blicke, die sieben Schilder, auf denen in schwarz-weiß-roter Bildersprache das Rauchen untersagt wird, der Gestank, der von den Toiletten aufsteigt, in die zwei der Eisentür gegenüberliegende Treppen führen, der graue schmutzige Fußboden ... Kein Ort in der Stadtmitte wirkt trostloser, ungeschminkter. Was die Plakate an den Litfaßsäulen verheißen: Berlin – weltoffene Metropole, beginnt erst einige Hundert Meter entfernt vom Sicherheitstrakt Bahnhof Friedrichstraße.

Vor 20 Jahren, als ich noch in unmittelbarer Nähe studierte, habe ich dem Schauspiel zwischen der Schinkel'schen Neuen Wache und der Knobelsdorff'schen Staatsoper zum letzten Mal zugesehen. Seitdem war diese leibhaftige Demonstration preußischer Geschichte eher ein Grund, die Stadt am Mittwoch zwischen zwei und drei zu meiden, wenn für eine halbe Stunde der Verkehr zwischen Friedrichstraße und Palast der Republik gesperrt, der Platz vor der Neuen Wache – heute Mahnmal für die Opfer des Faschismus und des Militarismus – von der Polizei mit Seilen eingezäunt wird. In mein Bild vom Stadtbezirk Mitte aber gehört die allwöchentliche Wachablösung ebenso wie die Straße, in der sie zu bestaunen ist: das architektonische Prunkstück preußischer Königsmacht Unter den Linden.

Also begebe ich mich an einem Mittwoch im September, eine Stunde vor Beginn des Spektakels, an den beschriebenen Ort. Vor einem klaren blauen Himmel strahlt in der herbstlichen Sonne weithin das frisch vergoldete Kreuz des Domes. Kaiserwetter sagen alte Leute heute noch zu solchem Tag. Als ich um halb zwei vor der Wache ankomme, befestigen zwei Polizisten gerade die Seile, mit denen später der Bürgersteig abgesperrt wird, jetzt liegen sie noch schlapp auf den Steinen. Die ersten Zuschauer finden sich ein – an ihrem Dialekt identifiziere ich sie als Bewohner südlicher Regionen dieses Landes –, sie stellen sich auf einen Platz, den sie für den besten halten, offenbar bereit, ihn für die nächste Stunde nicht zu verlassen.

Auf der Promenade zwischen den beiden Fahrbahnen reitet in philosophisch nachdenklicher Pose Eff Zwo. Kurz nach dem Krieg hatte man das Denkmal von Christian Daniel Rauch als Sinnbild militaristischer Preußenherrschaft nach Potsdam verbannt und vor sechs Jahren, nachdem die ältere deutsche Geschichte weniger emotional betrachtet, dafür auf ihre praktische Verwendbarkeit untersucht wurde, hierher, auf seinen seit 1851 angestammten Platz, zurückgebracht.

Der Platz vor dem Ehrenmal füllt sich; Schülergruppen, Touristen, drei Busse mit französischen Soldaten, ein Bus mit englischen und ein Bus mit amerikanischen Soldaten. Berlin – weltoffene Metropole.

Eine ungewohnte Stille beherrscht die Straße, der Verkehr ist umgeleitet. Bauarbeiter, die die Staatsoper für die 750-Jahr-Feier Berlins herrichten, stehen mit verschränkten Armen auf der Balustrade und sehen auf uns herab. Nur ein einzelner Zimmermann drischt rhythmisch auf das Dach der Oper ein, und ich, der Suggestion des Wartens erliegend, halte sein Hämmern für die Pauke des nahenden Musikcorps.

Dann, fünf Minuten vor halb drei, kommen sie wirklich. Mit Tschingderassabum und Tambourmajor biegen sie im preußischen Stechschritt aus der Universitätsstraße in die Linden ein. Die Augen unter den Stahlhelmen starr nach vorn gerichtet, marschieren sie an dem ihnen leicht zugeneigten Alten Fritz und an den Zuschauern vorbei.

Ich stehe inmitten einer französischen Reisegruppe, Frauen und Männer verschiedenen Alters, die dem Geschehen mit belustigten oder befremdeten Blicken folgen. Einige lachen. Der Zug ist vor dem Ehrenmal angekommen; es wird kommandiert, präsentiert, salutiert, marschiert.

Hinter mir fragt eine Frau ihren um einen Kopf größeren Mann, was die da vorne machen. »Faxen«, sagt der Mann.

Die Kapelle spielt »Brüder, zur Sonne, zur Freiheit«.

Es war ein Jahr nach dem Krieg, als meine Mutter mich zum ersten Mal zu einer Maidemonstration mitnahm. Wir marschierten hierher, zum ehemaligen Lustgarten am östlichen Ende der Linden. Es gibt ein Foto, auf dem sind sie und ich zu sehen zwischen vielen anderen Leuten, mager und fröhlich wie wir, Überlebende des Krieges, der Konzentrationslager, der Emigration, der Illegalität, die alle eines wussten: Nie wieder Krieg!

Auch damals sangen wir das Lied »Brüder, zur Sonne, zur Freiheit«. Keinem von denen, die auf dem Bild zu sehen sind, wäre es eingefallen, sein Bekenntnis zum Frieden durch ein preußisches Militärzeremoniell zu bestärken.

Ein älterer Franzose vor mir singt einige Takte mit, bricht, als der Rhythmus in einen forcierten Marsch wechselt, ab. Dann ist alles vorbei, Tambourmajor, Kapelle, Soldaten marschieren durch die Universitätsstraße zurück in die Kaserne am Weidendamm. Die Seile werden eingerollt, die Linden für den Verkehr wieder freigegeben, bis zum nächsten Mittwoch.

Eine Gruppe westdeutscher Mädchen unterhält sich noch verwundert über die sportliche Leistung der Wachsoldaten, die reglos wie Wachsfiguren links und rechts vom Eingang des Ehrenmals stehen.

»Ist alles Disziplin und Training«, sagt ein Mädchen. Ein anderes verweist auf die Guards vor dem Buckingham-Palast, die schließlich Ähnliches zu vollbringen hätten.

»Die fallen aber auch um wie die Fliegen«, sagt die Erste. Sie wirft noch einen mitleidigen Blick auf die Wachen, seufzt: »Die tun mir leid«, wendet sich dann entschlossen ab. »So«, sagt sie, »jetzt müssen wir noch zum Brandenburger Tor.«

Ehe wir sitzen, sind wir dreimal freundlich belehrt worden, und hätten wir es nicht ohnehin gewusst, wüssten wir es jetzt: Das »Roti d'Or« – was so viel heißt wie »Goldener Braten« – im Palasthotel ist ein Valutarestaurant, von den Bewohnern der Hauptstadt »Restaurant für Weiße« genannt, wobei sie selbst die Schwarzen sind, denn in der Währung, die sie verdienen, darf hier nicht gezahlt werden.

Aus der Straßenbahn,
Alte Schönhauser Straße, Mitte, 1998

Es ist Freitag, 18 Uhr, wir, das sind ein Historiker, eine Fotografin, ein Naturwissenschaftler und ich, sind die einzigen Gäste. Drei junge Kellner, alle nach 61 geboren, umwerben uns mit ungewohnter Aufmerksamkeit, preisen uns die exotischen Speisen und Getränke so lässig an, als hätte man sie im Säuglingsalter schon mit Kiwi-Mus gefüttert. Wir verzichten auf einen Kir Royal, der uns als eine Spezialität des Hauses offeriert wird, und bestellen trockenen Sherry, bis auf den Naturwissenschaftler, einen fanatischen Biertrinker, der seine Trinkgewohnheiten auch der angestrengten Noblesse des Etablissements nicht unterwerfen will.

Durch das braun getönte Fensterglas sehen wir über die Spree auf den Dom und den Palast der Republik, Domizil der gesetzgebenden Körperschaft der DDR, der Volkskammer. Dem Hotel gegenüber steht das neue Marx-Engels-Denkmal, umgeben von weiteren bildkünstlerischen Dokumenten des Klassenkampfes, über deren Dualität wir uns gerade streiten, als der Ober die Krabbensuppe serviert.

Hier oben, zwischen schwedischer Architektur, französischen Weinen und russischem Kaviar gerinnt, was mich angesichts der klinkenlosen Eisentür erschauern lässt, zur Groteske. Ein Stückchen Westen im Osten, der Eintritt ins Paradies kann erkauft werden, sofern man über harte Währung verfügt und bereit ist, ein beliebiges Nobelrestaurant als Paradies zu akzeptieren.

Das Palasthotel ist eins der beiden Valutahotels in der Hauptstadt. Demnächst kommt ein drittes hinzu, das

Grand Hotel an der Friedrichstraße. Während die valutären Habenichtse aus dem eigenen Land und aus den Bruderländern es schwer haben, in Berlin ein Hotelzimmer zu finden, wird im Palasthotel – so sagt man – in den Wintermonaten ein ganzer Trakt geschlossen, weil die devisenzahlenden Gäste ausbleiben. Es gehört dann zu den Aufgaben des Personals, in den unbewohnten Zimmern morgens und abends das Licht an- und etwas später wieder auszuschalten, um so wenigstens im Straßenbild die Illusion eines weltstädtischen Fremdenverkehrs zu vermitteln. Einen Sinn ergibt das Ganze nur im Hinblick auf die Wortschöpfung: Devisenrentabilität.

Von den Kellnern des »Roti d'Or« erzählt man sich, dass sie den ganzen Tag über eine Wache für den Eingang abstellen, derweil die übrigen in einem Hinterraum Karten spielen. Ich frage den Ober, der uns gerade den Wein einschenkt, ob das der Wahrheit entspreche, und er antwortet mit einem reizenden Lächeln: »Nein.«

Die Gäste an diesem Abend sind unauffällig: Ehepaare, mehrere ältere Damen, die offenbar zu einer Reisegruppe gehören, einige Herren, die aussehen wie Geschäftsleute aus dem Nahen Osten. An dem Tisch hinter uns unterhalten sich vier Männer miteinander, von denen drei ein sächsisch eingefärbtes Englisch sprechen, der vierte hat eine etwas kehlige Aussprache. Wir nehmen an, dass es sich bei ihnen um »Markgäste« handelt, die, wie wir vom Kellner erfahren, hier angemeldet werden – durch wen, erfahren wir nicht – und in Mark der Deutschen Demokratischen Republik bezahlen dürfen.

Wir erkundigen uns, was geschähe, würden wir nach

einem ausgiebigen Mahl bekennen, nur über des Landes eigene Währung zu verfügen. Der Ober lacht wie über einen Witz, und in seinen Augen erglimmt Misstrauen. Er wolle sich erkundigen, sagt er, schließlich gehe es ums Geld, was den Historiker zu der Frage veranlasst, ob wir überhaupt wüssten, dass dort, wo sich heute das Hotelfoyer befindet, früher einmal die Berliner Börse stand; und dass hinter dem Hotel, neben dem ehemaligen S-Bahnhof »Börse« – heute Marx-Engels-Platz – der Zirkus Busch sein festes Haus hatte, in dem sich im November 1918 die Berliner Arbeiter- und Soldatenräte versammelten. Übrigens hätte dann Ende Dezember 1918 der Reichskongress der Arbeiter- und Soldatenräte in Berlin beschlossen, Wahlen zur Nationalversammlung abzuhalten und keine Sowjetrepublik zu errichten.

Inzwischen hat der Ober die gewünschte Auskunft eingeholt: Es sehe nicht gut aus für uns, man würde uns zum Direktor führen, der seinerseits die Polizei benachrichtigen müsse, denn es würde sich, für den Fall, dass wir wirklich …, um vorsätzlichen Betrug handeln.

Wir bestellen ein Heidelbeersorbet und bekommen es auch. Es schmeckt, wie das übrige Essen, vorzüglich.

Wir zahlen, zur offensichtlichen Erleichterung des Personals, in D-Mark. Der Fotografin und mir überreicht man, nach der Art des Hauses, je eine Rose.

Das Romantikerviertel – hier heißen die Straßen nach Tieck, Schlegel, Eichendorff – liegt in der Nähe des Oranienburger Tores, wo die Friedrichstraße in die Chausseestraße mündet. In der Novalisstraße findet man eine namenlose kleine Kneipe, von den Stammgästen »Jette« oder »Mehlwurm« genannt. »Jette« hieß die Kneipe früher einmal, nach ihrer ehemaligen Wirtin. Der Name »Mehlwurm« geht auf die gehässige Bemerkung eines trunkenen Gastes über das weißblonde Haar des jetzigen Wirts, Jettes Sohn, zurück. Ich selbst gehöre zur Mehlwurmfraktion. Hier kostet das Bier 58 Pfennig und eine Portion Pökelfleisch mit Sauerkraut und Brot um die drei Mark.

Ehemaliger Mauerstreifen (Nähe Gleimstraße), Prenzlauer Berg, 1991

An diesem Abend hat der Maler Makarov zu einem Umtrunk in den »Mehlwurm« eingeladen, weil der Verband Bildender Künstler ihn nach dreijähriger Kandidatenzeit nicht in seine Reihen aufgenommen hat. Wir wollen trinken und dann ein bisschen weinen, hat Makarov gesagt. Er ist gebürtiger Russe, seit seiner Jugend in Berlin ansässig.

Ich bin von der Makarov'schen Trauergemeinde die Erste und setze mich zu Doris an den Tresen. Doris, gelernte Blumenbinderin, stammt aus einer katholischen Enklave in Mecklenburg. Vor neun Jahren kam sie nach Berlin und zapft seitdem im »Mehlwurm« das Bier. Bis heute vermisst sie in der protestantischen Hauptstadt die schönen Prozessionen. »Hallo, Moni«, sagt Doris. »Hallo, Doris«, sage ich. »Na, ein Weinchen?«, fragt Doris, und ich sage »ja«.

Die Stammgäste sind hier, wie in den meisten Kneipen, Männer. Sie wohnen oder arbeiten in der Nähe, einige haben vor langer Zeit in einem der nahe gelegenen naturwissenschaftlichen Institute studiert; sie kennen sich seit

20 Jahren oder länger, nennen sich beim Vornamen, wissen über die Liebes-, Familien- und Scheidungsgeschichten des anderen Bescheid, tratschen übereinander, trinken miteinander – meistens bis zum bitteren Ende –, und ihre Sätze beginnen immer häufiger mit: »Mann, weißt du noch ...«, »Kannst du dich erinnern ...«

Zur Geschichte des »Mehlwurm« gehört die einer anderen Kneipe, die der legendären »Hundertsechzehn« und ihrer Besitzerin Gertrud Borschel, ehemals Wirtin der Reichstagskantine. Bei Trude verkehrten vorwiegend Studenten, angehende Chemiker, Mediziner, Physiker, aber auch Leute aus der Umgebung. Wolf Biermann, als er noch gegenüber in der Chausseestraße 131 wohnte, saß hin und wieder in der »Hundertsechzehn«, samt seinen Bewachern. Als Trude Borschel 1977 starb, zogen ihre Stammgäste mit Blumen, Kränzen und mit – wie man mir erzählte – nicht nur vom Schnaps geröteten Augen hinter ihrem Sarg her. Noch heute pilgern sie zu ihrem Grab auf dem Dorotheenstädtischen Friedhof, stoßen mit versonnenem Blick einen kleinen Seufzer aus für Trude und für die eigene verlorene Jugend, murmeln etwas wie: »Ach ja, die alte Trude«, oder: »Da liegt sie nun.« Später, wenn sie den Friedhof verlassen und von der Chausseestraße in die Wilhelm-Pieck-Straße Richtung »Mehlwurm« einbiegen, werfen sie einen untröstlichen Blick auf den kahlen, längst gepflasterten und mit Bänken ausgestatteten Platz an der Wilhelm-Pieck- / Ecke Friedrichstraße, direkt gegenüber der Ständigen Vertretung der Bundesrepublik, wo die »Hundertsechzehn« gestanden hat, bis sie vor acht Jahren, ein Jahr nach Trude Borschels Tod, eines Nachts abbrannte.

Die obdachlose Stammbelegschaft fand im »Mehlwurm« Asyl. Vielleicht liegt es auch daran, dass sich allabendlich, bis auf Sonnabend und Sonntag, Vertreter der verschiedensten Berufsgruppen um den Tresen des »Mehlwurms« versammeln: Zimmerleute, Artisten, Ärzte, Bauingenieure, Philologen, Tischler, Künstler, die sich im Laufe der Jahre schon manche praktische Lebenshilfe erweisen konnten. Wer eine neue Badewanne, einen Zahnarzt, Autoersatzteile oder etwas anderes schwer Beschaffbares braucht, kann sein Problem oft im »Mehlwurm« lösen, vorausgesetzt, er gehört zum engeren Kreis. Die Künstler haben, wie immer, am wenigsten anzubieten, werden von den übrigen aber wegen ihres Unterhaltungswerts geduldet.

Seit kurzem allerdings gewinnen sie, wenigstens die Maler unter ihnen, für den »Mehlwurm« an Bedeutung. Seit zwei, drei Jahren führen fast alle Wege durch das Berliner Zentrum über Baustellen, auch die zum »Mehlwurm«. 40 Jahre nach dem Krieg bekommen die Straßen wieder Ecken, werden Lücken zwischen den Häusern geschlossen, bis zur 750-Jahr-Feier im nächsten Jahr sollen im Stadtinnern über 40 neue Kneipen eröffnet werden, drei davon in unmittelbarer Nähe des »Mehlwurm«. Da der Wirt bislang nicht durch besondere Liebe zur Kunst, dafür durch soliden Sinn fürs Geschäft aufgefallen ist, hat sicher, neben dem Drängen seiner kunstverständigen Kellnerin Alice, die zu erwartende Konkurrenz seinen Entschluss befördert, Graphiken an die Wände zu hängen und ein Schild ins Fenster: »Kunst bei Kauz« – so heißt der Wirt –, darunter, kleiner, der Name des Künstlers.

Der erste Maler, der im »Mehlwurm« ausgestellt hat, war

Nicolai Makarov, der nun endlich eingetroffen ist, um mit seinen geladenen Gästen die neuerliche Schmähung durch den Verband im Wein zu ersäufen. Demnächst läuft seine Zeit als Meisterschüler an der Akademie der Künste ab, dann wird er wieder Hausmann. Wir versichern ihm, dass wir fest an ihn glauben, dass er in fünf, in zehn, spätestens aber in 15 Jahren im New Yorker Museum of Modern Art hängen wird, wie schon der Maler Penck aus Dresden, den sie hier auch nicht haben wollten. Darauf trinken wir.

Am Nebentisch sitzt eine junge Frau mit pflaumengroßen Plastikgehängen an den Ohren und klärt die Umsitzenden, unter ihnen die Kellnerin Alice, die heute einen freien Abend hat, mit gellender Stimme über das Feminine im Mann auf, wobei sie alle paar Sätze eine englische Floskel zwischen ihr reines Berlinisch wirft: »Okay, okay, listen to me«, oder auch: »Fuck up.« Alice sagt, das sei Corinna aus dem Kreuzberg, die Freundin von dem da, der früher mal ihr, Alices, Freund war.

»Ein Mann im Osten ist das Beste, waste haben kannst«, sagt Corinna aus dem Kreuzberg, das sei den Westfrauen total klar. »Du kommst nur, wann du willst, er kann nichts kontrollieren. Okay?« Ihr Ostfreund stimmt ihr zu: Darin liege die ausgleichende Gerechtigkeit in der traditionell ungerechten Beziehung zwischen den Geschlechtern.

Alice sagt zu einem fast fünfzigjährigen Mann, er sehe aus wie eine bestimmte Madonna in Prag.

Es ist Nacht.

1986

LIEBSTER HEINRICH!

Es bedeutet mir nichts, Gräber berühmter Verstorbener zu besuchen, ich komme ihnen nicht näher, indem ich mich nahe ihren Knochen oder ihrer Asche aufhalte. Trotzdem ging ich kürzlich auf den Friedhof von Montmartre in die Avenue Berlioz, wo das »freisinnige Wien« im Jahre 1902 ein Grabmal errichten ließ für Heinrich Heine und Frau Heine, eine weiße Büste, die Heine mit geneigtem Kopf und gesenkten Lidern auf nichts mehr schauen lässt als auf das eigne Grab. Darauf hatte die Stadt Düsseldorf ihr ehrendes Gedenken in Form eines inzwischen angewelkten Kranzes abgelegt. Auch andere Besucher hatten Zeichen ihrer Anwesenheit hinterlassen: Forsythien, Anemonen, einige kleine Steine auf der hinteren Ecke des Grabsteins.

Ich hatte, nicht ohne Scham über die Sentimentalität solcher Geste, eine rote Rose mitgebracht. Es war ein Augenblick, der in meine Jugend gehörte, und da er damals verhindert war, holte ich ihn nun nach. Ich war sechzehn oder siebzehn, als ich mich in Heine verliebte, schwärmerisch und ernsthaft, wie andere sich in Filmstars verliebten. Ich schrieb ihm sogar einige Briefe. Seine Gedichte nahm ich an als für mich geschrieben, nicht an mich, sondern für mich, statt meiner, und ich lernte sie wie meine eigene Sprache.

Ich war schon fünfundvierzig Jahre alt, als mir das fast unentwirrbare Gefühlsgestrüpp, in dem ich mich sechzehnjährig scheinbar sicher zurechtgefunden hatte, bewusst wurde. In meinem Roman *Die Überläuferin* gebrauchte ich ein Zitat aus einem meiner liebsten Heine-Gedichte, *Der Asra*:

Täglich ging die wunderschöne
Sultanstochter auf und nieder
Um die Abendzeit am Springbrunn,
Wo die weißen Wasser plätschern.

Täglich stand der junge Sklave
Um die Abendzeit am Springbrunn,
Wo die weißen Wasser plätschern;
Täglich ward er bleich und bleicher.

Eines Abends trat die Fürstin
Auf ihn zu mit raschen Worten:
Deinen Namen will ich wissen,
deine Heimat, deine Sippschaft!

Und der Sklave sprach: Ich heiße
Mohamet, ich bin aus Yemmen,
Und mein Stamm sind jene Asra,
Welche sterben, wenn sie lieben.

Und plötzlich, nach fast dreißig Jahren, fiel mir auf, dass ich in Heines Gedichten immer als Mann, niemals als Frau gelebt hatte. Der stolze Gestus freiheitlicher Liebe gehörte den Männern, der Sklave hatte ihn, die Sultanstochter nicht, also war ich der Sklave. Es hat mich damals nicht gekümmert, weil ich offenbar den Unterschied zwischen dem Liebenden und dem Geliebten entscheidender fand als den zwischen Mann und Frau.

Meinen idealen Entwurf von mir stattete ich mit schmaler, schmuckloser, eher männlicher Kleidung aus, ohne dass ich ein Mann sein wollte. Aber meine jugendliche Neigung zum Heroischen fand in der Literatur – nicht nur bei Heine – keine weibliche Gestalt; eine Ausnahme ist Jeanne d'Arc, und die trug als Heldin Männerkleider.

In den Mann Heine war ich ganz und gar als Mädchen verliebt, mein Menschenbild und mein Frauenbild ließen sich auf dem Umweg über die männliche Pose miteinander verbinden.

Rückblickend frage ich mich, ob ich nicht, ganz nebenbei und ohne mir dessen bewusst zu sein, außer dem libertären Anspruch einen Hauch von Frauenverachtung gelernt habe, was Selbstverachtung bedeutete.

Blamier mich nicht, mein schönes Kind, und grüß mich nicht unter den Linden. / Wenn wir nachher zu Hause sind, / wird sich schon alles finden, – ein Vers, der sich eher gegen mich richtet, als dass er für mich spricht; ich erinnere mich nicht, es damals so empfunden zu haben.

Geblieben ist die Gewissheit, dass die Poeten der Liebe die Liebenden sind, nicht die Geliebten, unabhängig davon, ob sie Männer sind oder Frauen.

1988/89

ICH WAR EIN ANTIFASCHISTISCHES KIND

Ich war das Kind von Kommunisten. Ich habe gelernt, dass die Welt sich nicht in Nationen teilt, sondern in Klassen, und dass das Vaterland aller Proletarier die Sowjetunion ist: Das glaubte ich, solange ich ein Kind war. Und auch, als ich aufgehört hatte zu glauben, waren es nicht die Kämpfe der Nationen, war es nicht das Verhängnis der deutschen Nation, die meine jugendliche Suche zwischen Recht und Unrecht, Macht und Ohnmacht leiteten. Ich wuchs auf in einer Welt der Ideologien, nicht der Nationen, Deutschland ist mir erst allmählich als Problem angetragen worden. Noch vor einigen Jahren hätte ich nicht geglaubt, dass es mir je zum Thema werden könnte. Und auch heute weiß ich nicht, ob ich wirklich von Deutschland spreche, wenn ich von Deutschland spreche.

Vor sechs Jahren besuchte ich das Haus, in dem ich geboren wurde. Es steht in Berlin-Neukölln, im heutigen West-Berlin also. Ich hatte meine alte Straße über dreißig Jahre nicht gesehen, und es war, wie es immer ist, wenn ein

Erwachsener die Welt seiner Kindheit besichtigt. Das Unheimliche unserer Erinnerung schrumpft zur Heimlichkeit des Wiedersehens. Ein Hauch von Selbstmitleid umweht uns: Wie klein müssen wir gewesen sein, dass uns diese Straße so breit, jenes Haus so hoch und dieser kurze Weg so weit erscheinen konnte. Und die Frage, ob das Kind, das sich in uns erinnert, wirklich der gleiche Mensch war, und ein Gefühl, als wäre unser Ich ein Wir.

Zwei Namen im Stillen Portier kannte ich noch. Es waren zwei der wenigen deutschen Namen, die zwischen den türkischen und slawischen noch zu finden waren, und ich dachte, dass die Geschichte des Hauses sich fortsetzte, wie sie begonnen hatte, denn die ersten Mieter dieses Hauses im Jahre 1907 waren Polen. Sie hießen Josefa und Pawel Iglarz und waren meine Großeltern.

Josefa entstammte einer strenggläubigen katholischen Familie aus einem Ort in der Nähe von Łódź. Pawel kam aus einer orthodoxen jüdischen Familie in Galizien. Beide lösten sich aus der religiösen Enge ihrer Elternhäuser und traten in die Baptistengemeinde ein, wo sie sich auch kennenlernten. Beide wurden von ihren Elternhäusern verstoßen.

Fast achtzig Jahre später bewog die Erinnerung an diese familiäre Erfahrung meine Mutter, jüngstes Kind von Josefa und Pawel, sich mit mir zu versöhnen, nachdem sie für längere Zeit ihre Beziehung zu mir abgebrochen hatte, weil ich ein Buch in der falschen Stadt hatte verlegen lassen. Sie habe nachts wach gelegen, erzählte sie, und plötzlich sei ihr klar gewesen, dass sie nichts anderes tue, als ihre Großeltern getan hatten, die den eigenen Kindern das Haus verschlossen, weil sie den falschen Glauben hatten.

Meine Großeltern zogen nach Berlin. Ihren vier Kindern gaben sie deutsche Namen: Bruno, Paul, Marta, Helene, genannt Hella. Um für die ganze Familie auch die deutsche Staatsbürgerschaft zu kaufen, was möglich gewesen wäre, verdiente Pawel, Schneider bei Peek & Cloppenburg, zu wenig Geld.

Josefa, die zeit ihres Lebens nicht mehr schreiben konnte als den eigenen Namen, erzog die Kinder in großer Frömmigkeit. Pawel wurde Kommunist.

Später zog in das Neuköllner Haus die Familie F., mit der Pawel und Josefa sich befreundeten. An den Sonntagen trafen sich die Männer und sprachen über Politik. Als Hannchen, die Tochter der F.s, sich mit dem Tischler Gustav verlobte, kam er als Dritter in die sonntägliche Runde. Es war die Zeit der Inflation und der Weltwirtschaftskrise. Von den drei Männern der Familie Iglarz – auch Pawels Söhne waren inzwischen Schneider – fand oft nur einer Arbeit, manchmal auch keiner. Trotzdem sind die Erinnerungen meiner Mutter weniger von der Armut dieser Jahre geprägt als von einem kämpferischen Überlebensmut und einer selbstverständlichen Solidarität, wofür sie selbst das Wort Klassenkampf benutzt.

Als Hannchen und Gustav heirateten und ihre Tochter Christa geboren wurde, übernahmen sie die Wohnung in dem Neuköllner Hinterhaus, Hannchens Eltern hatten sich ein kleines Häuschen im Grünen gebaut. Trotzdem traf man sich noch lange an den Sonntagen, bis Gustav eines Tages seinem kommunistischen Schwiegervater und dem Juden Pawel Iglarz erklärte, diesmal wisse er aber, wie er sich zu entscheiden habe. Als Pawel an diesem Tag nach

Hause kam, sagte er zu seiner Familie, dass sich nun auch die Sonntage ändern würden. Und bald darauf kam Gustav, bis eben noch selbst Kommunist, mit einem anderen Parteibuch nach Hause und in einer nagelneuen Uniform. Gustav war Nazi geworden.

Als ich mein altes Haus besuchte, fand ich Hannchens und Gustavs Namen im Stillen Portier. Ich klingelte in der dritten Etage. Eine etwa sechzigjährige Frau öffnete mir, Hannchens Tochter Christa. Ich nannte ihr meinen Namen, ich sei Monika Maron, sagte ich, und sie schrie nach hinten über den Korridor: Mutti, rat mal, wer gekommen ist, Monika Iglarz ist da. Als Monika Iglarz wurde ich geboren, die uneheliche Tochter der Helene Iglarz, der die Rassengesetze verboten, einen Arier zu heiraten.

Wir saßen an dem großen Tisch im Wohnzimmer, tranken Kirschlikör und sprachen über die Zeiten, in denen wir alle noch in dem Haus gewohnt hatten. Gustav war einige Jahre zuvor gestorben. Ob ich mich an ihn erinnere, fragten sie, und ob ich noch wisse, wie oft ich bei ihnen gewesen wäre, da nebenan in der Küche. Ich wusste es noch. Dann, unvermittelt, sagte Christa, dass sie es ja gesehen hätten.

Ich verstand nicht, wovon sie sprach, und fragte, was sie gesehen hätten.

Und sie sagte: Na das. Wir haben gesehen, wie sie deinen Großvater weggebracht haben.

Ich weiß nicht, ob sie glaubten, dass ich gekommen war, um sie danach zu fragen. Ich hätte sie nicht gefragt.

Christa erzählte, sie hätten gerade zufällig die Tischdecke ausgeschüttelt. Nicht Mutti, wir haben doch gerade die Tischdecke ausgeschüttelt? Und zu mir: Nicht, dass du denkst, wir hätten aus Neugier hinter der Gardine gestanden. Es war wirklich Zufall.

Der Tag, über den sie sprach, lag 45 Jahre zurück.

Ich hätte es nicht schlimm gefunden, wenn sie einfach hinter der Gardine gestanden und zugesehen hätten, wie sie Pawel wegbrachten. Selbst Josefa und die Kinder hatten ja nichts anderes tun können als zusehen.

Alle polnischen Juden wurden in diesem November 1938 des Landes verwiesen. Man transportierte sie an die deutsch-polnische Grenze, wo sie neun Monate in Eisenbahnwaggons und ähnlichen Notunterkünften zubrachten, weil die polnische Regierung den polnischen Juden die Einreise in ihr Land verweigerte.

Im Juli 1939 kam Pawel noch einmal für zwei Wochen in das Neuköllner Haus. Um seine Angelegenheiten zu klären, hieß es. Josefa hatte zu wählen, ob sie ihren Mann begleiten oder sich von ihm scheiden lassen wollte. Sie ging mit ihm. Die Schwestern Marta und Hella blieben in der elterlichen Wohnung. Der älteste Bruder Bruno war zwei Jahre zuvor gestorben. Paul lebte mit seiner Frau einige Minuten Fußweg entfernt. Er war Schneider bei Herpig, einem berühmten Atelier in der Leipziger Straße, wo, wie meine Mutter erzählte, selbst Göring arbeiten ließ. Und einmal musste Paul sogar für Herpig nach Karinhall fahren. Als der Krieg ausbrach, wurde Paul für kurze Zeit interniert und danach in einem Berliner Rüstungsbetrieb zwangsverpflichtet.

Meine Großeltern gingen zurück in Josefas altes Dorf, wo fast alle Leute Przybilski hießen wie auch Josefa vor ihrer Hochzeit. Dort durften sie noch kurze Zeit miteinander leben, ehe ein Pole Pawel denunzierte und Deutsche ihn in ein Ghetto bei Łódź sperrten. Deutsche waren es auch, die ihn und andere Juden aus dem Ghetto in einen Wald brachten, ihn zwangen, sein eigenes Grab zu graben, und ihn erschossen. So jedenfalls erzählte es uns eine nichtjüdische polnische Verwandte, die meinem Großvater, solange er lebte, heimlich Lebensmittel ins Ghetto gebracht hatte.

Gustav brachte seine Mitgliedschaft bei der SA wenig Nutzen. Er wurde als einer der Ersten eingezogen. Hannchen erinnerte sich genau, wie er eines Tages aus der Kneipe kam und sagte: Es gibt bald Krieg. Krieg hat Gustav nicht gewollt, Krieg hat doch keiner gewollt, sagte Hannchen.

Die Frauen blieben in dem Haus zurück. Wann und wie sie die Sprachlosigkeit zwischen den beiden Familien beendeten, wussten sie nicht mehr.

Sicher im Luftschutzkeller, sagten Hannchen und Christa, vermutete auch meine Mutter.

Gustav wurde wegen seines Alters und eines steifen Fingers an der rechten Hand bald wieder ausgemustert und zum Luftschutzwart unseres Hauses ernannt. Er hätte unter anderem dafür zu sorgen gehabt, dass Hella, Marta und ich diesen Keller nicht benutzten, wie es die Rassengesetze vorschrieben. Aber das hat er nicht gemacht, sagte Hannchen. Er könne nicht zulassen, dass zwei Frauen mit einem Säugling ausgesperrt würden, habe er gesagt und uns auf seine Verantwortung in den Keller gelassen.

Hannchen war froh, mir diese Geschichte über ihren Mann erzählen zu können. Auch ich war froh, dass es die Geschichte über Gustav gab. Ich wollte nicht, dass Hannchen sich vor mir schämte.

Josefas und Pawels Kinder überlebten den Krieg. Gustav

musste sich entnazifizieren lassen. Wochenlang hätten sie auf Koffern leben müssen, erzählte Hannchen, weil man dem Nazi Gustav und seiner Familie die Wohnung wegnehmen wollte. Jemand aus dem Nachbarhaus sei scharf darauf gewesen. Als Hannchen und Gustav ihre Koffer packen mussten, durfte Hella meinen endlich auspacken. Seit meiner Geburt hatte er bereitgestanden für den Fall, dass man Marta und Hella eines Tages doch noch abgeholt hätte und ihre Freundin Lieschen mich hätte aufziehen müssen.

Sie würde nie vergessen, erzählte Hannchen, wie Hella eines Tages von einer Versammlung kam, bei ihnen klingelte und sagte, dass sie in ihrer Wohnung bleiben könnten. Deine Mutter hatte für uns gutgesprochen, sagte Hannchen zu mir. Hella selbst erinnerte sich daran nicht. Als ich sie fragte, warum sie die beiden verteidigt haben könnte, sagte sie: aus Freundschaft. Sie seien Freundinnen geworden in den Jahren des Krieges, Hannchen, Marta und sie. Und Gustav sei ja auch kein richtiger Nazi gewesen, nur einer, der, als alles anfing, endlich einmal auf der Seite der Sieger stehen wollte, wo man ihn ohnehin nicht lange geduldet hat. Aber niemals sei Gustav für unsere Familie eine Bedrohung gewesen. Einen richtigen Nazi hätte Hannchen auch gar nicht lieben können.

So retteten die Töchter der polnischen Familie Iglarz und der deutschen Familie F. die Freundschaft, die ihre Väter nach dem Ersten Weltkrieg begonnen hatten, über den mörderischen Zweiten.

So war das, sagte Christa, mein Opa war Bolschewist, und mein Vater war Nazi.

Und Hannchen, nicht ohne Herausforderung in den

Augen, fragte: Und weißt du, was wir jetzt sind? – Zeugen Jehovas.

Mit dem Krieg endete die polnisch-jüdische Geschichte der Familie Iglarz. Meine Großeltern hatte sie das Leben gekostet. Josefa war, ein Jahr bevor man ihren Mann ermordete, gestorben, weil ihr, der Frau des Juden, im besetzten Polen ärztliche Hilfe verweigert wurde. Pawels und Josefas Kinder überlebten den Krieg und verloren sich doch. In einer Geschichte, in der sie nicht mehr die Opfer waren.

Seit ihrer Jugend waren die drei Kommunisten. Gleich nach dem Krieg arbeitete Hella für die kommunistische Fraktion des Berliner, später des Ost-Berliner Magistrats. Paul wurde Pressefotograf für die neuen antifaschistischen und kommunistischen Zeitungen im Osten. Immer noch wohnten wir alle in Neukölln, das zum amerikanischen Sektor gehörte.

Hella wurde, als sie an einem Sonntag das *Neue Deutschland* und Flugblätter in Neuköllner Wohnhäusern verteilte, denunziert, verhaftet und von einem amerikanischen Militärgericht zu dreißig Tagen Gefängnis oder tausend Mark Geldstrafe verurteilt. Angesichts der Jahreszeit – es war November – und der kalten Gefängnisse beschloss die Partei, das Geld zu sammeln und ihrer Genossin den Gefängnisaufenthalt zu ersparen.

1951 zog Hella mit Marta und mir in den Ostteil der Stadt, der sich damals Demokratischer Sektor von Groß-Berlin nannte. Ich verbinde mit diesem Wechsel angenehme Erinnerungen. In West-Berlin war ich der einzige Junge Pionier in der Klasse, wahrscheinlich sogar in der ganzen Schule gewesen. In der neuen Schule war ich eine von vielen. Und da meine Mutter nur in Westgeld bekam, was wir unbedingt für die Miete und die Stromrechnung brauchten, war unser ständiger Geldmangel angesichts der vollen Geschäfte oft nur schwer zu ertragen. Nun war ich gleich mit allen, glaubte ich. Ich wohnte auf der Seite der Wahrheit und der historischen Sieger. Ich war zehn Jahre alt, und das Wort Kommunist war für mich ein Synonym für guter Mensch. Alle Menschen, die mir nahestanden und die ich liebte, waren Kommunisten.

Vor einem Jahr hat Martin Walser gesagt, er müsste sich, um von seinen Kindheitserinnerungen der frühen vierziger Jahre erzählen zu können, in ein antifaschistisches Kind verwandeln.

Ich war ein antifaschistisches Kind.

Müsste ich mich, um von meinen Erinnerungen der fünfziger Jahre zu erzählen, in ein antikommunistisches Kind verwandeln?

Ich höre die warnenden und entrüsteten Stimmen, man könne die Zeiten nicht miteinander vergleichen, und kein Verbrechen wiege so schwer wie das des deutschen Nationalsozialismus. Es wird sich in den nächsten Jahren und Jahrzehnten erweisen, was sich miteinander vergleichen lässt und welchen Sinn es ergibt, die Millionen Toten des Nationalsozialismus gegen die Millionen Toten des Stalinismus abzuwägen. In diesem Jahrhundert wüteten zwei barbarische Regime in Europa. Nicht selten wurden die Opfer des einen zu den Tätern des anderen. Der Stalinismus in der DDR war weniger mörderisch als der in der Sowjetunion, aber er war seines Geistes. Es lag an den geographischen und politischen Bedingungen der DDR und nicht an der

Gesinnung ihrer Herrscher, wenn der deutsche Stalinismus einen Schein wahrte, dem er bis heute die Nachrede verdankt, er sei unblutig gewesen.

Dass ich 1945 nicht achtzehn war wie Martin Walser, sondern erst vier, dass ich im Gegensatz zu ihm aus einem antifaschistischen Hause kam, hat mir sowenig wie Walser erspart, im Keller der Eltern nach Leichen zu suchen.

Als ich eine kommunistische Zukunft für so natürlich und wünschenswert hielt wie den täglichen Sonnenaufgang, sperrten Kommunisten ihre sozialdemokratischen Genossen, mit denen sie gemeinsam in Hitlers Konzentrationslagern gesessen hatten, in die eigenen Zuchthäuser; verboten sie Kunstwerke als dekadent, die von den Nazis als entartet verfemt worden waren; verweigerten sie Christen die höheren Schulen; verurteilten sie Menschen für einen politischen Witz zu jahrelangem Gefängnis; organisierten sie ein landesweites Spitzelnetz. Auf unbegreifliche Weise ahmten sie ihre Peiniger nach, bis in die Fackelzüge und Uniformen.

Zur gleichen Zeit wuchs ich auf in einer Gruppe kommunistischer Frauen, die mich im Sinne ihres Menschenbildes erzogen: zur Aufrichtigkeit, zu sozialem Verhalten und Mut zum Widerstand. Ihre Leben bürgten für ihre Glaubwürdigkeit. Sie kamen aus dem Gefängnis, aus der Emigration, sie hatten im Untergrund gekämpft. Sie waren Antifaschisten und Kommunisten.

Warum sie hinnahmen, was auch in ihrem Namen geschah, warum sie mittaten in einer Wirklichkeit, die mit ihrem Ideal nur den Namen gemeinsam hatte, erscheint mir, je länger ich darüber nachdenke, als eine Frage nach der menschlichen Natur schlechthin und somit als unbeantwortbar.

Ich kannte ein Ehepaar, das vor dem Nationalsozialismus in die Sowjetunion emigrierte und dort den einzigen Sohn verlor. Erst nach Chruschtschows Enthüllungen über Stalins Terror im Jahre 1956 gestanden die beiden, dass auch ihr Sohn ein Opfer Stalins geworden war. Ich kannte sie gut genug, um zu wissen, dass sie nicht aus Feigheit geschwiegen hatten. Sie hatten ihr Ideal schützen wollen vor Verleumdungen, die nicht schlimmer hätten sein können, als die Wahrheit es war. Der furchtbare Irrtum, das Bekanntwerden der Untat schade der Idee mehr als die Untat selbst.

Die Idee des Kommunismus hatte zu viele Opfer gekostet, als dass man sich mit ihrem Scheitern hätte abfinden können. Der Tod von Hunderttausenden musste nachträglich mit Sinn erfüllt werden durch den Sieg der Idee. Die Lebenden wurden den Toten geopfert im Namen einer idealen Zukunft. So entzog sich die neue Ordnung dem Zwang, ihre Gegenwart zu legitimieren.

Es war das Jahr 1956, in dem Pawels und Josefas Kinder füreinander starben, nachdem sie den Faschismus und den Krieg überlebt hatten.

Nachdem Stalins Verbrechen offenbar waren, verließ Paul die Partei. Die Schwestern fanden sich mit dem, was geschehen war, ab. Sie verdrängten das ungeheure Ausmaß der Verbrechen, sie rechtfertigten den Ursprung der Grausamkeiten, sie retteten ihren Glauben an die Idee.

Paul starb 1982 in Berlin-Neukölln. Marta starb 1983 in Berlin-Pankow. Sie haben sich nie wiedergesehen. Hella verstand erst durch den Tod der anderen die Tragik ihrer Entscheidung von 1956.

1953 wurden wir, Hella, Marta und ich, aus Polen zu Deutschen. Es war ein simpler bürokratischer Vorgang, der mir erst mitgeteilt wurde, nachdem er vollzogen war. Ich wäre damals lieber Polin geblieben, obwohl dieser Umstand nur in meinem Bewusstsein von Bedeutung war. Wir sprachen nicht Polnisch, ich hatte Polen nie gesehen, ich besaß nur zwei Briefe aus einem kleinen Dorf bei Łódź an »die liebe kleine Monika von ihren Großeltern«.

Da ich von Kommunisten erzogen wurde, blieb es mir erspart, das Wort »deutsch« als Schimpfwort zu erlernen. Die Schimpfworte hießen: Nazi, Faschist, Kapitalist. Nicht das deutsche Volk hatte die Kriegsverbrechen begangen, sondern der deutsche Imperialismus. Und den gab es nicht mehr in dem Teil Deutschlands, in dem ich lebte.

Trotzdem bot mir meine polnische Abstammung eine sichere Distanz zu der unheimlichen deutschen Geschichte, als deren Erbe ich mich nicht fühlte. Wenn ich versuche, mich zu erinnern, was ich als Kind mit dem Wort Deutschland verband, fallt mir die Düsternis deutscher Märchen ein, die Schwermut deutscher Lieder, ein grausames dunkles Früher, das Mittelalter hieß.

Die Gegenwart hieß niemals Deutschland. Sie hieß Sozialismus und Kapitalismus, Bundesrepublik und Deutsche Demokratische Republik, Ost-Berlin und West-Berlin. Meine eigene erfahrbare Gegenwart trug die Namen von Menschen und Straßen. Dass es deutsche Namen waren, gehörte zu den Selbstverständlichkeiten des Lebens.

Als 1968 die Studentenrevolte den einen Teil Deutschlands veränderte, hoffte die Jugend im anderen Teil auf den Prager Frühling, auf einen Sozialismus mit menschlichem Antlitz. Während die einen von ihren Eltern Antworten auf Auschwitz und Buchenwald verlangten, waren für uns die Fragen nach dem Archipel Gulag und nach Bautzen schon hinzugekommen. Die Antworten haben wir selbst finden müssen.

Spreche ich wirklich von Deutschland, wenn ich von Deutschland spreche?

Pawels und Josefas Kinder haben sich nicht an Deutschland geschieden, sondern an dem Gewicht, das sie einer Idee zumaßen gegenüber der Wirklichkeit. Sie haben sich geschieden an einem Gleichnis wie: Wo gehobelt wird, fallen Späne; oder an dem Satz: Manchmal muss man die Menschen zu ihrem Glück zwingen.

Wo immer ich höre, dass einer weiß, was der anderen Menschen Glück ist; wo immer ich lese, dass jemand im Namen einer Idee über Millionen Menschen verfügt, und sei es nur in Gedanken; wo immer ich sehe, dass einer alten Ideologie frische Schminke aufgelegt wird, um ihren Tod zu maskieren, packt mich das Entsetzen. Und eine jahrzehntealte Wut.

Deutschland wurde mir aus einem historischen Abstraktum zur wahrnehmbaren Gegenwart an einem Tag im Oktober 1983. Zum ersten Mal ausgestattet mit einem Pass, der mich zum Verlassen der DDR in westlicher Richtung berechtigte, fuhr ich mit dem Zug von Frankfurt nach Wuppertal. Ich hatte Kopfschmerzen, eine Folge der Buchmesse, und wartete mit geschlossenen Augen auf die Wirkung einer Tablette. Nach ungefähr einer Stunde öffnete ich die Augen und sah etwas, das mich zu dem törichten Ausruf: Was ist denn das?, hinriss. Und jemand im Zug sagte: Das ist der Rhein.

Schwer und patriarchalisch floss er zwischen den Weinbergen, als müsste er sie gewaltsam voneinander fernhalten. Unter der Herbstsonne lag er vor mir wie die Landschaft aus einem uralten Märchen, das ich wieder und wieder gelesen hatte, bis ich es auswendig wusste. Es mochte an meiner Liebe zu Heine liegen, dass dieses eine Bild mir eine Fülle anderer barg, dass es nur die letzte fehlende Ergänzung war, deren es bedurfte, um mich Deutschland zum ersten Mal nicht als ein Ungetüm oder einen historischen Unfall, sondern als eine Landschaft verstehen zu lassen.

Ich habe das Erlebnis lange verschwiegen. Ich misstraute meinem Gefühl, verdächtigte mich eines plötzlichen Hangs zu Blut und Boden und einer Heimatduselei, die mir immer fremd gewesen war. Und selbst im Falle der Echtheit des Gefühls musste ich mich fragen, ob es denn überhaupt erlaubt war. Inzwischen bin ich die Strecke oft gefahren und habe mein verdächtiges Gefühl zu dulden gelernt. Ich begann die Frage zuzulassen, ob es nicht doch eine Gegenwart gibt, die Deutschland heißt.

War nicht mein eigenes Leben, zerrissen zwischen dem Wohnort im Osten und der Berufsausübung ausschließlich im Westen, zu einem Leben in Deutschland geworden?

Waren die Menschen, vor denen ich in ostdeutschen Kirchen und westdeutschen Buchhandlungen las, einander nicht ähnlicher, als sie es glaubten und sogar als ihnen lieb war? Ihre Eltern oder Großeltern waren noch in einem Deutschland aufgewachsen, in dem Osten und Westen nicht mehr bedeutete als Norden und Süden. Sie waren nach den gleichen Maximen erzogen worden, sie sangen die gleichen Weihnachtslieder. Und wer die Schrebergärten seitlich der S-Bahn-Böschungen in Ost und West miteinander vergleicht, wirft einen Blick in die gesamtdeutsche Seele, der jede politische Geographie vergessen lässt. Auch die Neigung, das bedrohlich Fremde auf ein erträgliches Maß zu ducken, indem man ihm den festen Glauben an die eigene Überlegenheit entgegensetzt, fand ich auf beiden Seiten. Galt sie hier den Türken, so dort den Polen. Und nährten die Westdeutschen ihren Stolz auf das deutsche Wirtschaftswunder, suchten die Ostdeutschen Trost in der Gewissheit, dass ihre Wirtschaft nicht ganz so zerrüttet war wie die aller anderen Staaten, mit denen sie das Schicksal des Stalinismus teilten. Ich hörte einmal von Zwillingsbrüdern, die in der frühen Kindheit getrennt wurden und sich auch später nie wiedergesehen haben. Als Erwachsene wurden sie von Zwillingsforschern aufgestöbert. Einer der Brüder hatte es zu Reichtum gebracht, der andere lebte in bescheidenen Verhältnissen. Ihre Kinder trugen die gleichen Namen, wie die Brüder überhaupt, soweit ihre Leben sich vergleichen ließen, vieles ähnlich entschieden hatten. Sogar gleiche, einen Baum umschließende Gartenbänke schmückten ihre Gärten. Nur war die Bank des reichen Bruders kunstvoll und in einem guten Geschäft gekauft, die des armen Bruders dagegen grob und von ihm selbst gezimmert.

Nicht selten, während ich hin- und herreiste zwischen Deutschland Ost und Deutschland West, fiel mir diese Geschichte ein. Und oft genug verwunderte mich, wie wenig der eine Zwilling bereit war, sich im anderen zu erkennen.

Es war die Erfahrung mit seinen beiden Teilen, die mir Deutschland zum Problem werden ließ. Es lag an der Ohnmacht der Ostdeutschen, die, nach dem Krieg der stalinistischen Sowjetunion zugeschlagen, dumpf verharrten in ihrer Wehrlosigkeit und Selbstverachtung; es lag an der Selbstgerechtigkeit der Westdeutschen, die ich zu spüren und zu hören glaubte, an ihrer Verachtung der armen, feigen, unwürdigen Verwandten, dass ich mich zu fragen begann, warum sie eigentlich nicht dankbar waren, dass dieser kleinere Teil des Volkes auch ihren Anteil der Schuld aus einer gemeinsamen Vergangenheit bezahlte. Warum sie ihr eigenes Wohlergehen nur noch als eine gerechte Folge ihrer ehrlichen Arbeit ansahen, nicht aber auch als einen geographischen Glücksfall. Läge Schwaben an der Oder, läge Leipzig am Rhein … Dann hießen die Schlagzeilen in den Zeitungen heute vielleicht: Wieder hunderttausend Demonstranten in Stuttgart.

Während mein Leben geteilt war zwischen der Arbeit im Westen und dem Wohnen im Osten, verlernte ich zu verstehen, warum die beiden Teile Deutschlands nicht zusammengehören. Im vergangenen Jahr kam nach einer Lesung in Berlin eine Frau auf mich zu und sagte, sie sei Sylvia. Ich überlegte, ob ich die Frau kennen müsste, bis sie sagte: Ich bin Sylvia Iglarz.

Meine kleine, meine einzige Cousine Sylvia, Pauls Tochter, die ich gekannt hatte, bis sie sechs war und ich vierzehn. Als Josefas und Pawels Kinder sich über den Tod hinaus entzweiten, zogen sie uns mit, jeder in seine Richtung, der eine nach Berlin-Neukölln, die andere nach Berlin-Pankow. Wir kennen uns nun wieder, Sylvia und ich.

Am ersten Abend unserer wiederbelebten Verwandtschaft erzählte Sylvia, sie habe sich immer für meine Bücher interessiert, besonders dafür, was ich über unseren Großvater geschrieben habe. An diesem Satz begriff ich, wie tief ich Sylvia seit meiner Kindheit vergessen hatte. Nie war mir in den Sinn gekommen, dass auf diesen Großvater, den ich mir als Kind zum alleinigen Ahnen erkoren hatte, jemand Anspruch erheben konnte außer mir. Sylvia sagte zu meinem Großvater: unser Großvater, und ich gestehe, einen Augenblick gezögert zu haben, ehe ich ihr dieses Recht zugestand. Es war unser Großvater, und es war unsere Familiengeschichte.

Während ich diese Rede schrieb, wandelte sich der Gegenstand meines Nachdenkens in einer Geschwindigkeit, die jede Prognose zu Makulatur werden ließ. Das Wunderbare aber, woran man kaum noch zu glauben wagte, war der Wandel einer deprimierten, klagenden Masse von Menschen in ein entschlossenes Volk. Freunde, die ich seit meiner Jugend kannte, mit denen ich zwanzig Jahre lang die gleichen konjunktivischen Gespräche geführt hatte: Man müsste, man würde, wenn es so käme, dann aber …, deren Verzagtheit wuchs mit der schrumpfenden Hoffnung, in ihrem kürzer werdenden Leben noch Zeugen und Mitgestalter eines Aufbruchs zu werden, diese Freunde erinnerten plötzlich an ihre eigenen Jugendbilder. Mit ihrem Mut fanden sie wieder, woran es diesem Land bis zur Psychose mangelt: die Lust zu leben.

Kein Wort, kein Satz, der zu diesem Thema nicht gesagt worden wäre, zu Deutschland. Es bleibt mir nur, von dem Glück zu sprechen, das ich empfand, als ich am 4. November inmitten der anderen durch Berlin zog, als wir endlich taten, wovon wir lange geträumt hatten: auf die Straße gehen und laut fordern, was wir wollten. Fünf Tage später öffneten sich die Tore in der Mauer.

Es hatte des einen schmalen Auswegs über Ungarn bedurft, um Volk und Obrigkeit die Rollen tauschen zu lassen und der Regierung – zum ersten Mal seit dem Bau der Mauer – die Rolle des Ohnmächtigen zuzuweisen. Wir sollten nicht vergessen, dass der Wagemut der Flüchtlinge und der ungarischen Regierung den Ausschlag gaben für alles, was danach geschah. Endlich also haben die Deutschen es geschafft, höre und lese ich jetzt überall, endlich ist den Deutschen ihre Revolution gelungen. 1848 mussten sie sich mit dem Ruf »Hut ab« vor den Toren begnügen. 1918 verjagten sie den Kaiser und sonst keinen. Und diesmal, haben die Deutschen es diesmal geschafft? Ist das Auswechseln der Oberhäupter gegen ihre Stellvertreter, ist die späte Zurücknahme der Mauer, ist die neue Rede alter Parteien schon die siegreiche Revolution? Oder ist es wieder nur ein Beginn?

Ich wünsche mir, dass das Volk in der DDR, das sich während der letzten Monate über seine eigene Macht so nachdrücklich belehrt hat, die Schmerzen und die Schande des gebeugten Gangs nicht vergisst und nicht das erlösende Gefühl, den Rücken endlich zu strecken und den Blick zu heben. Es sollte niemandem gestatten, sich dieses Augenblicks zu bemächtigen. Nicht den Wölfen, die Kreide gefressen haben; nicht den Kalten Kriegern der Vergangenheit, die jetzt ihren späten Triumph feiern wollen; nicht der westdeutschen Linken mit ihrer späten Trauer um die Utopie DDR, die sie sich nur durch vorsätzliche Blindheit und

Taubheit hat bewahren können. Und es sollte sich wehren gegen die neuen Ideologen aus den eigenen Reihen, die schon wieder bereit sind, dem Volk politische und geistige Unreife zu bescheinigen.

Ich wünsche mir, dass die Leipziger, Dresdener, Ost-Berliner und Plauener das schöne Bild, das sie selbst gerade von sich geschaffen und der Welt gezeigt haben, nicht vergessen hinter ihren Spiegelbildern, die sie in den Schaufenstern der Banken und Warenhäuser finden, während sie nach dem Begrüßungsgeld und den Bananen anstehen.

1982 entschloss sich Hella, nachdem wir uns ein Jahr nicht gesehen hatten, den Kontakt zu mir wiederaufzunehmen und die Gebote ihrer Partei unserer Beziehung unterzuordnen. Der Anspruch, ihrer Idee treu zu bleiben, auch mit der Konsequenz, die eigene Tochter zu verlieren, hatte sie krank werden lassen. Vielleicht war es diese Erfahrung mit der zerstörerischen Anmaßung einer Ideologie, die sie zwang, ihre politische Überzeugung, die sie von Pawel gelernt und der sie mit Josefas Frömmigkeit ihr Leben lang angehangen hatte, in Frage zu stellen.

Als die Demonstranten in der DDR die Reformen erzwangen, fühlte sie sich mit ihnen verbunden durch die Erinnerung an ihre eigenen Kämpfe während der Weimarer Republik, und sie wusste zugleich, dass es auch ihr Lebenswerk war, das auf den Straßen bekämpft wurde und dessen Bestand sie selbst nicht mehr wünschte.

Es bleibt die Frage, wie eine Idee, die zum Glück aller erdacht war, sich in das Unglück aller, selbst ihrer treuesten Anhänger verkehren konnte.

Es bleibt die Frage, warum Menschen, die in ihrer Jugend gegen Ungerechtigkeit und Unterdrückung gekämpft und ihr Leben dafür eingesetzt haben, in Jahrzehnten unangefochtener Macht ihr eigenes Volk mit den Mitteln von Gangstern betrogen und beherrschten. Und andere es duldeten.

Sie wisse nun nicht mehr, wo sie stehe, sagt Hella, wahrscheinlich zum ersten Mal in ihrem Leben. Geblieben sei ihr ein Abscheu vor jeder Ideologie, sagt sie, und das Wort Zukunft sei ihr inhaltslos geworden. Und dann, zweifelnd und hoffend: Aber irgendeinen Sozialismus müsste es doch geben, nicht diesen, diesen bestimmt nicht, aber einen. Was sollte ich ihr darauf antworten?

1989

ZONOPHOBIE

Seit ich von Osten nach Westen reisen durfte und die deutsche Teilung sich für mich durch sinnliche Anschauung aus der historischen Gewissheit in reine Absurdität verwandelte, fing ich an, mich dafür zu interessieren, wer warum die Teilung Deutschlands wollte: warum die Linken, warum die Franzosen, die Russen, die Engländer, die Vereiniger Westeuropas, eigentlich alle außer Martin Walser und vermutlich der Hälfte aller Ostdeutschen. Ich selbst begann in dem Maße die deutsche Einheit zu wollen, wie die Argumente für die deutsche Teilung mir verdächtig wurden.

Inzwischen ist mir die Einheit zum Albtraum geworden, und das nicht, weil irgendeiner ihrer Gegner recht behalten hätte: die Linken oder die Franzosen, die Engländer oder Russen; auch nicht, weil die sächsischen Chemiearbeiter nicht mehr unter den tropfenden Säureleitungen hantieren dürfen und stattdessen arbeitslos sind; auch nicht, weil die Mieten steigen, Spekulanten glückliche Zeiten haben, mittelmäßige Wissenschaftler aus westlichem Sonstwoher die ostdeutschen Lehrstühle okkupieren, das alles gehört zu Nachkriegszeiten. Wir leben in einer verspäteten Nachkriegszeit.

Die Einheit ist mir zum Albtraum geworden, weil der

Osten, wo er sich als solcher artikuliert, mir unüberwindlichen Ekel verursacht. Alles hat sich in Ekel verwandelt: mein Mitleid, meine Anteilnahme, mein Interesse. Ich weiß, dass ich ungerecht bin, und kann es nicht ändern. Ich halte es für eine Krankheit und weiß nicht, wie man sie heilt. Die Krankheit nenne ich Zonophobie.

Ich will versuchen, die Symptome wahrheitsgetreu zu beschreiben. Möge ein gerechterer Mensch als ich befinden, ob der Defekt bei den Betrachteten liegt oder beim Betrachter oder bei beiden. Ich nehme mir das Recht zur Ungerechtigkeit, ein paar Seiten lang, einmal ausatmen nur, nachdem ich von meiner bemühten Gerechtigkeit schon ganz kurzatmig geworden bin.

Schon auf der Autobahn von Hamburg nach Berlin erkenne ich sie, ohne ihre Nummernschilder zu entziffern: Wer unbeirrt auf der linken Spur fährt, weil er irgendwo am Horizont einen Trabant oder Lastwagen vermutet, ist aus dem Osten. Was man hat, das hat man, in diesem Fall die linke Spur. Wer an einer Auffahrt beflissen und todesmutig links rausfährt, ohne sich um heranrasende BMW- und Porscheherden zu kümmern, ist aus dem Osten. Er zeigt, dass er gelernt hat.

Sturer Trotz und peinliche Beflissenheit sind überhaupt die prägenden Züge derzeitigen ostzonalen Verhaltens. (Spätestens hier muss ich wohl sagen, dass ich alle ausnehme, die sich wie vernünftige, auf die Wechselfälle des Lebens vorbereitete Einzelmenschen benehmen. Die waren vor 89 anders und sind es auch jetzt.)

Wenn meine masochistische Neugier mich treibt, in der Pankower Kaufhalle – ehemals HO, jetzt Spar – einzukaufen, und ich sie, mit denen mich eine Vergangenheit als Konsument des Staatlichen Handels eint, bei ihren Beschaffungsaktionen beobachte, reagiere ich wie ein Allergiker, dem eine Katze auf den Schoß springt. Ich muss mich beherrschen, um ihnen ihre ekelhaft großen Fleischpakete oder ein süßes balkanesisches Perlgesöff namens Canei nicht wieder aus den Einkaufswagen zu reißen. Ich möchte die mürrische Frau, die mir gerade mit ihrem Gefährt über die Zehen gefahren ist und mich danach vorwurfsvoll ansieht, fragen: Warum entschuldigen Sie sich nicht? Oder den Mann, mit dem ich fast kollidiert wäre: Warum lächeln Sie nicht? Wie eine Animateuse gehe ich zwischen ihnen umher, lächle und entschuldige mich, entschuldige mich und lächle, hoffend, sie werden meine Botschaft eines Tages verstehen.

Noch schlimmer ist es, wenn der Hunger mich in die Folterstuben der ostdeutschen Gastronomie zwingt. Sobald das Essen genießbar ist, findet sich ein Hinweis auf das Niveau des Etablissements auch schon in der Speisekarte. Niveau sind die letzten beiden Silben des Substantivs Weltniveau; das weiß jeder, der aus der DDR stammt. Wer sich also heute in ein Restaurant mit Niveau verirrt, ahnt, wem es gehört, das mutierte Gästehaus des Ministerrats in Niederschönhausen zum Beispiel, wo wir nicht zu fünft an einem ausreichend großen Tisch sitzen durften, weil wir das Niveau verdorben hätten. Freunde von mir, die keine genuinen Ostmenschen sind, sagen oft, ich übertreibe oder ich müsse mehr Verständnis haben. Ich hingegen glaube, dass meine Freunde nur so nachsichtig sein können, weil ihnen erspart bleibt, wirklich zu verstehen, was sie erleben.

Sie müssen nicht zwanghaft, wie ich, jede Situation in eine andere übersetzen; sie wissen nicht, wie es war, als man sich dem Anspruch auf gastronomisches Niveau noch nicht entziehen konnte, indem man zum nächsten Italiener floh. Sie haben keine Ahnung, welch elendes Leben man unter der Diktatur von Kellnern, Klempnern und Taxifahrern führt. Es mag frivol klingen, aber es ist die Wahrheit: Ich habe unter der Stasi weniger gelitten als unter den Kellnern, Klempnern und Taxifahrern. Die Stasi konnte ich ignorieren, ich brauchte sie nicht.

Am wenigsten ertrage ich an meinen ehemaligen Staatsbürgerschaftsgefährten, dass sie glauben, alle Welt sei ihnen etwas schuldig, insbesondere schulde man ihnen ihre Würde. Sie haben anscheinend vergessen, dass viele von ihnen mit ihrer Würde bis vor drei Jahren ziemlich leichtfertig umgegangen sind und sie auf die Art eines Tages verloren haben. Nun denken sie, Helmut Kohl und die Treuhand hätten sie gefunden und wollten sie nur nicht wieder rausrücken. Das Ungewöhnliche an dieser Würde ist, dass ihr Wert sich ganz einfach in Geld ausrechnen lässt. So viel Würde, wie jetzt Geld gebraucht wird, kann es in diesem Land unmöglich gegeben haben, sonst sähe es anders aus.

Wahrscheinlich meinen sie etwas anderes: Sie vermissen ihre gewohnte Gleichheit. Als sie noch alle eher wenig als viel, eben nur gleich viel hatten, fühlten sie sich offenbar auch gleich wert. Eine der häufigsten Fragen in diesem Land war: Du glaubst wohl, du bist was Besseres. Was Besseres war niemand, und so schlau wie der war man allemal. In Fragen des Geschmacks und der Bildung war die Behauptung, man lebe in der Diktatur des Proletariats, keine

Lüge. Und plötzlich ist das vorbei; *die* Kränkung ist die tiefste und kann nicht vermieden werden.

Solange ich unter ihnen lebte, ist mir die außergewöhnliche Empfindsamkeit meiner ostdeutschen Mitmenschen verborgen geblieben. Im Gegenteil: Ich bin an ihrer Dumpfheit und Duldsamkeit, an ihrer Duckmäuserei und ihrem feigen Ordnungssinn oft verzweifelt. Eigentlich sollte ich mich freuen, dass sie plötzlich eine Ungerechtigkeit eine Ungerechtigkeit nennen und eine Lüge eine Lüge. Wenn ich aber sehe, wie sie sich empören, wie sie wieder und wieder in die Kameras sächseln, dass sie sich nicht verarschen lassen und schon gar nicht verkohlen, wenn sie in ihrem ganzen ostdeutschen Mannesmut jedem, der sie nicht vorher gekannt hat und es darum besser weiß, den Eindruck vermitteln müssen, einem Aufrührer, einem Michael Kohlhaas zu begegnen, dann kann ich nicht verhindern, dass ich sie wieder vor mir sehe, wie sie zu den Wahlurnen geschlichen sind, wie sie mit gesenktem Blick in den Versammlungen gesessen haben, verarscht, verkohlt, gedemütigt. Damals wären sie nicht auf die Idee gekommen zu streiken. Und jetzt, will es mir scheinen, ist ihnen das Recht zu streiken nicht mehr die Schwierigkeiten wert, die es kostet, diesen Schrotthaufen von einem Land in eine nach europäischem Maß vernünftige Gesellschaft zu verwandeln.

Für jede Unbill wird ein Feindbild gebraucht. In Ermangelung von Phantasie nehmen sie das, was ihnen Jahrzehnte eingebläut wurde: Der Westen ist schuld. Der Westen zahlt zu wenig, der Westen schickt die falschen Leute, der Westen verramscht die verrotteten Kostbarkeiten. Dabei müssten sie nur nach Osten sehen, um zu wissen, wie schlecht es ihnen gehen könnte. Aber so wenig es sie interessiert, dass auf dem Balkan die Leute sterben, dass die Russen hungern, dass den Ungarn, Polen, Tschechen und Slowaken schlechte Zeiten bevorstehen, so wenig nehmen sie zur Kenntnis, dass die Verkäuferinnen in Hamburg für zweitausend Mark brutto streiken, dass die höheren Löhne im Westen von den noch höheren Mieten geschluckt werden, dass die zusätzlichen Steuern, die schließlich ihretwegen erhoben werden, die Leute am ärgsten treffen, denen es kein bisschen besser geht als ihnen selbst, auch wenn sie in Köln oder Bochum wohnen, also mit dem Schimpfwort Wessis bedacht werden, was ein Synonym ist für reich.

»Der Kohl hat es uns schließlich versprochen« – das ist der peinlichste, blamabelste, lächerlichste Satz der letzten beiden Jahre. Der arroganteste Westdeutsche könnte den Ostdeutschen nicht mehr Unmündigkeit vorwerfen, als sie sich mit diesem Satz selbst bescheinigen. Jeder SPD-Politiker, der ihn gegen Helmut Kohl benutzt, sollte wissen, dass er die Ostdeutschen damit zu einem Haufen blöder, enttäuschter Kinder erklärt, die greinen, weil sie zu Weihnachten das falsche Geschenk bekommen haben. Helmut Kohl hat etwas versprochen, das er bis jetzt nicht gehalten hat. Na und. Oskar Lafontaine hat es nicht versprochen, dem haben sie nicht geglaubt. Wer hat sie gezwungen, Kohl zu glauben? Welchen Grund hatten sie überhaupt, nach vierzig Jahren DDR irgendeinem Politiker mehr zu glauben als den eigenen Augen und dem eigenen Denkvermögen? Sie kannten ihre Betriebe, Städte, Häuser am besten; sie selbst hätten Kohl damals sagen müssen, dass er sich irrt oder lügt, wenn er behauptet, die DDR ließe sich innerhalb von drei oder vier Jahren in den Garten Eden verwandeln, und das, ohne die Steuern zu erhöhen. Und was hätten sie eigentlich anders entschieden, wenn sie ihm nicht geglaubt hätten? Hätten sie auf die Währungsunion verzichten wollen und auf die Einheit und auf die Hunderte Milliarden, die in dieses Ländlein fließen, während das Riesenreich der Russen um die Stundung der Zinsen für einen Hundertmilliardenkredit betteln muss?

Damals haben sie selbst nicht an das Überleben ihrer Betriebe geglaubt, deren Produkte sie auch selbst nicht kaufen wollten. Inzwischen ist dank der wortgewaltigen Unterstützung einiger Wirtschaftsexperten unter Deutschlands Schriftstellern die Legende verbreitet worden, erst die Treuhand habe die Wirtschaft der DDR ruiniert. Ich bin sicher, dass es in der Treuhand Idioten und Halunken gibt, die gibt es überall, warum nicht auch in der Treuhand. Aber für eine Gangsterbande wie den Verein des Alexander Schalck-Golodkowski halte ich die Treuhand nicht.

Die neue ostdeutsche Einheitsfront, die von der PDS über Diestel bis zu den Neonazis reicht, verrührt die DDR-Geschichte zu einem einzigen Opferbrei, die eigene Vergangenheit wird unter dem neuen Feindbild begraben, ein neues Wir ist geboren, »wir aus dem Osten«; endlich dürfen alle Opfer sein, Opfer des Westens. Niemand ist mehr verantwortlich für den wirtschaftlichen und politischen Ruin des Landes außer der Treuhand. Unter der SED waren wenigstens die Mieten billig, und alle hatten Arbeit. Und Adolf Hitler war der Mann, der die Autobahnen gebaut hat. Was glauben all jene, die noch immer das Bewahrenswerte der DDR beschwören, wie lange das Kartenhaus DDR noch gestanden hätte? Nicht einen Tag länger als die Sowjetunion.

Manchmal denke ich, die Gegner der Einheit hatten recht: Die Ostdeutschen hätten durch die ganze Misere, die dem Zusammenbruch folgen musste, allein gehen sollen, damit sie endlich hätten lernen können, dass das eigene Tun und Nichttun Folgen hat, auch das Dulden und das Schweigen. Stattdessen flüchten sie sich aus der verordneten Unmündigkeit in die freiwillige, indem sie die neue Obrigkeit für die alte nehmen. Diese Regierung aber haben sie gewählt. Wenn sie das nachträglich für einen Fehler halten, können sie ihn bei der nächsten Wahl korrigieren.

Nachdem ich meinem ungerechten Zorn einige Seiten gegönnt habe, beschleicht mich das Bedürfnis nach Gerechtigkeit, und ich will die Geschichte von einem jungen Mann erzählen, der mich kürzlich in meiner alten Pankower Straße ansprach. Er kam mir bekannt vor, und ich überlegte noch, welcher Freund meines Sohnes er sein könnte, als er sagte: Erkennen Sie mich nicht, ich war der Briefträger. Er schien zu wissen, dass er kaum wiederzuerkennen war.

Vor vier oder fünf Jahren, als er noch unser Briefträger war, kannte ich ihn als einen blassen scheuen Jungen in einem zu kleinen Mäntelchen mit Samtkragen, beladen mit der Posttasche und einem seiner Jugend unangemessenen Ernst. Einmal klingelte er und fragte, ob ich ihm ein Buch von mir leihen könne. Später traf ich ihn auch auf einer meiner Lesungen in einer Kirche.

Dass ich ihn nicht erkannt habe, lag nicht an der neuen Kleidung, der veränderten Frisur oder der Sonnenbrille mit den runden Gläsern. Er lief anders, sprach anders, er war anders.

Ich fragte ihn, was er jetzt so treibe. Er studiere Altphilologie, sagte er, das sei ein alter Traum von ihm gewesen.

Ich weiß nicht, ob der leise Triumph, den ich zu hören glaubte, in seiner Stimme lag oder von mir dazugegeben war. Einer von denen, die in diesem Osten verkümmert wären, weil sie den Dienst mit der Waffe verweigerten oder sich der FDJ fernhielten, die schlimmstenfalls an der Mauer erschossen wurden und bestenfalls eines Tages Gedichte schrieben, deren Träume sich aber nie erfüllten. Jetzt besichtigte er den Schauplatz seines unfreiwilligen Briefträgerlebens als der, der er schon immer hatte sein wollen. Er sei froh, sagte er, nur froh.

Ich war auch froh, weil er froh war und weil wir Gott sei Dank die Einheit haben und weil Heinrich Fink sich zwar als Gründungsmitglied eines Gerechtigkeitsvereins wichtig machen darf, aber nicht als Rektor der Universität, an der mein ehemaliger Briefträger sich seinen Traum erfüllt.

1992

ZWEI BRÜDER

Zwei Brüder haben vor langer Zeit ein Verbrechen begangen, einen Raubmord oder einen Banküberfall, bei dem es Tote gab. Der eine, Helmut, entkam mit der Beute; der andere, Manfred, wurde geschnappt. Während der Jahre im Gefängnis träumte Manfred von der Freiheit und dem ihm zustehenden Anteil, den Helmut inzwischen für ihn verwahrte. Helmut schickte Päckchen, kam manchmal auch selbst und versprach Manfred, ihn nach den Knastjahren für die stellvertretend abgesessene Zeit und die treue Verschwiegenheit brüderlich zu entschädigen. Helmut hatte von dem erbeuteten Geld ein Unternehmen gegründet, das er und seine Familienmitglieder mit Fleiß und Intelligenz zum Erfolg geführt hatten. Er war ein ehrbarer Mann geworden, der Manieren und Englisch gelernt hatte. Die Kinder spielten Klavier und Tennis. Als Manfred endlich aus dem Knast entlassen wurde, richtete Helmut ihm eine Wohnung und ein gut ausgestattetes Bankkonto ein und versprach ihm sogar eine Filiale des Unternehmens, sobald Manfred die Grundlagen des Geschäftslebens erlernt haben würde.

Nach dem ersten Glück der Freiheit begann Manfred zu rechnen und kam zu dem Ergebnis, dass ihm nicht nur eine Filiale, sondern das halbe Unternehmen zustand, da er, wäre er wie Helmut in Freiheit gewesen, es mindestens zu gleichem Wohlstand gebracht hätte.

Helmut wusste, dass Manfred sein Recht, wenn es denn eins war, vor keinem Gericht hätte einklagen können. Und außerdem, aber darüber sprach Helmut natürlich nicht, wäre Manfred, dieser Knastbruder, gar nicht imstande gewesen, ein Unternehmen wie das seine zu führen. Er konnte ja nicht einmal richtig mit einem Computer umgehen. Und dieser Dialekt, den Helmut und seine Frau sich längst abgewöhnt und den seine Kinder gar nicht erst gelernt hatten. Manfred spürte, dass Helmut sich vor seinen Geschäftsfreunden für ihn genierte. Nachdem er sich anfangs wirklich bemüht und sogar ein Buch zum Zwecke der Verfeinerung seiner Umgangsformen gelesen hatte, konnte er diesem Getue, wie er es nannte, dauerhaft keinen Sinn abgewinnen, zumal er davon überzeugt war, dass man gute Freunde eher im Knast als unter Helmuts reichen Gästen finden konnte. Nach einiger Zeit suchte er wieder die Gesellschaft ehemaliger Mithäftlinge, mit denen er sich wenigstens über alte Zeiten unterhalten konnte, von denen Helmut nichts mehr wissen wollte.

Dieser Umgang seines Bruders beunruhigte Helmut, der Manfred die Filiale inzwischen wirklich übertragen hatte und ihm für den Anfang sogar einen Geschäftsführer, den er anderenfalls allerdings in den Vorruhestand geschickt hätte, zur Seite stellte. Er beschwor Manfred, seine Kontakte zur Halb- und Unterwelt aufzugeben, weil sonst der gute Ruf der Firma auf dem Spiel stünde. Manfred, der es nach den Knastjahren satthatte, sich bevormunden zu lassen, und zudem davon überzeugt war, dass er und nicht Helmut der Held des Familienstücks war, trieb es daraufhin noch schlimmer. Er setzte sogar einen ehemaligen Scheckbetrüger, mit dem er einige Zeit in einer Zelle gesessen hatte, als seinen Stellvertreter ein, der, das muss um der Gerechtigkeit willen gesagt sein, letztlich weniger Schaden anrichtete als der von Helmut übernommene Geschäftsführer, dem Manfreds rührende Ahnungslosigkeit die unwiderstehliche Gelegenheit bot, seinen nahenden Ruhestand präventiv zu verschönern.

Während Helmut mit seinem Bruder immerhin die Erinnerungen an die gemeinsame Kindheit und das schlechte Gewissen wegen der delegierten Knastjahre verbanden, betrachteten seine Kinder diesen biertrinkenden Onkel mit dem Knastkoller nur mit kaum verborgenem Widerwillen. Mochte ihr Vater mit diesem Kerl verwandt sein, sie nicht. Als dann noch bekannt wurde, dass Manfred im Gefängnis andere Häftlinge bei den Wärtern denunziert hatte, um sich selbst das Leben zu erleichtern, verdüsterte die Verachtung auch Helmuts brüderlichen Blick.

Aber vielleicht hätten Helmut und seine Familie sich trotzdem mit Manfred und seiner knastbedingten Zurückgebliebenheit abfinden können, wäre er nicht so ein miserabler Geschäftsmann gewesen und hätte man die Verluste seiner Filiale nicht ständig aus dem Unternehmenskapital begleichen müssen. Es war kein schönes Familienleben mehr. Kaum ein Gespräch, das nicht mit Manfred begann oder wenigstens bei ihm endete, denn Manfreds Anspruch, gleichberechtigter Teilhaber zu werden, bedrohte die sicher geglaubte Zukunft eines jeden Familienmitglieds.

Am unglücklichsten aber war Manfred selbst; verraten vom eigenen Bruder, der ihm vorenthielt, was ihm zustand, und ihn stattdessen mit Almosen abzuspeisen versuchte, der ihn behandelte wie einen Idioten und sich wegen ein paar geplatzter Verträge ins Hemd machte. Es tröstete ihn auch nicht, dass es keinem seiner Kumpels, die er aus dem Gefängnis kannte, ähnlich gut ging wie ihm. Die hatten schließlich auch nicht dem eigenen Bruder den Knast erspart, damit der inzwischen um drei Klassen aufsteigen konnte und nun nicht mehr wissen wollte, wo und mit wem er mal angefangen hat. Für die Warnungen seiner Freunde, er möge den Bruder nicht überfordern, weil der sonst möglicherweise Pleite machen könnte, was auch Manfreds Schaden wäre, hatte Manfred nur ein bitteres Lachen. Der vergoldet sich seine Türklinken von meinem Geld, sagte er, und ich soll ihm dafür noch dankbar sein.

Manfreds Undankbarkeit war ein häufiges Gesprächsthema in seiner Abwesenheit. Wenn Manfred mit am Tisch saß, formulierte man es vorsichtiger. Weißt du, Manfred, sagte Helmuts Frau dann manchmal, wir erwarten wirklich keine Dankbarkeit, aber …, und dann konnte es vorkommen, dass Manfred sagte: Das wäre ja auch noch schöner, und so weiter und so weiter, kurz: Man mochte sich nicht, und Helmut dachte zuweilen heimlich, dass es besser gewesen wäre, wenn Manfred noch ein paar Jahre länger im Knast hätte bleiben müssen oder wenn er, Helmut, ihn wenigstens nicht in die Familie aufgenommen hätte, was Manfred, den die Demütigungen der Haftzeit allen neuerlichen Kränkungen gegenüber empfindlich und reizbar hatten werden lassen, durchaus spürte.

Alle hofften auf die Zeit. Mit den Jahren würde Manfred sich den Anforderungen des Lebens in der Freiheit schon gewachsen zeigen und sich allmählich auch zivilisieren. Eine Frau wäre dabei sehr hilfreich, dachte Helmut. Und Manfred nahm sich vor, es Helmut und seiner Brut zu zeigen. Er war immer ein besserer Schüler gewesen als Helmut, und wie man Geschäfte macht, hat er schließlich auch im Knast lernen können. Noch zwei, drei Jahre, und die würden sich wundern.

Obwohl Manfred sich tatsächlich gelehrig und arbeitsam zeigte, schrieb seine Filiale immer wieder rote Zahlen, was natürlich an Helmuts betrügerischem Geschäftsführer und Manfreds fehlbesetztem Scheckbetrüger lag, von der ganzen Familie aber in stummer Übereinkunft Manfred angelastet wurde. Nur Rudolf-Stefan, Helmuts jüngster, als aufsässig geltender Sohn, der den Geschäftsführer seines Vaters noch nie hatte leiden können und ihn schon lange der Unredlichkeit verdächtigte, nutzte seine guten Beziehungen zu einigen Sekretärinnen in Manfreds Filiale, prüfte über das Wochenende die Unterlagen und wartete am Montag beim Frühstück mit der Behauptung auf, sowohl der Geschäftsführer als auch der Scheckbetrüger wirtschafteten schlampig, wenn nicht gar zum eigenen Vorteil, und er sei nicht gewillt, länger mit anzusehen, wie schließlich auch sein Erbe von Gaunern und Nichtskönnern verplempert werde. Wenn dieser neue Onkel zu dämlich oder zu blauäugig sei, müsse man sich eben selbst kümmern. Helmut, im Herzen froh, dass Rudolf-Stefan endlich aussprach, was er selbst längst befürchtete, rügte seinen Sohn zwar wegen des anmaßenden Tons gegenüber dem vom Leben gebeutelten

Onkel, gab aber zu, dass er in Zukunft die Geldbewegungen der Filiale genauer kontrollieren müsse. Nur Helmuts Frau, von der bis dahin alle geglaubt hatten, dass sie die heftigste Abneigung gegen Manfred hegte, empörte sich plötzlich über die Herzlosigkeit und Verleumdungswut ihres Sohnes, die nur dazu führe, dass die Familie niemals zusammenwachsen und niemals in Frieden miteinander leben werde. Niemand verstand ihren unerwarteten Sinneswandel, weil natürlich niemand wusste, dass sie vor Jahren mit dem Geschäftsführer ein nicht sonderlich leidenschaftliches, aber längere Zeit währendes intimes Verhältnis verbunden hatte, von dem sie nun fürchtete, es könnte, wenn erst einmal ein Skandal ins Rollen käme, ruchbar werden.

Manfred hielt die Beschuldigungen gegen den Geschäftsführer und den Scheckbetrüger für einen ausgeklügelten Trick der Helmut'schen Familie, um ihn aus dem Unternehmen zu drängen. Er glaubte sogar, dass der Geschäftsführer nur bei ihm eingeschleust worden war, um ihn, Manfred, der Unfähigkeit zu überführen, denn wenn der Geschäftsführer wirklich ein Betrüger war, hätte Helmut es am ehesten wissen müssen. Wenn er es aber nicht gewusst hat, sollte er gefälligst erst einmal die eigenen Bilanzen überprüfen und nachrechnen, welchen Schaden der Kerl bei ihm selbst angerichtet hat.

Rudolf-Stefan, dessen Aufklärungsdrang vor allem von der Sorge um seine Erbschaft und von seiner Antipathie gegen den Geschäftsführer getrieben war, verstand nicht, warum Manfred, für den er neuerdings sogar ein Gefühl wohlwollenden Mitleids in sich entdeckte, seinen Zorn ausgerechnet gegen ihn richtete. Es stimmte zwar, dass er sein

Erbteil lieber für sich behalten hätte, als es mit diesem wildfremden Verwandten zu teilen, aber wenn der es nun schon haben musste, sollte er wenigstens clever damit umgehen. Rudolf-Stefan studierte Betriebswirtschaftslehre und hätte dem Onkel ein paar gute Tipps geben können. Helmuts Frau verhinderte die Entlassung des Geschäftsführers mit der Begründung, man dürfe Manfred nicht unnötig demütigen, was Manfred ermutigte, darauf zu bestehen, dass auch der Scheckbetrüger, als einziger Vertrauter seines vergangenen Lebens, sein Stellvertreter blieb. Helmut seufzte und beschloss, stillschweigend einen weiteren Überprüfer einzustellen, der sich hoffentlich seines Geldes wert erweisen und mindestens das Doppelte einsparen würde.

Als Helmut und seine Frau am späten Abend zu Bett gingen, fragte Helmut: Was ist eigentlich mit dir und diesem Geschäftsführer?, worauf er aber keine Antwort bekam.

Manfred saß um diese Stunde, umringt von seinen Kumpels aus dem Knast, beim siebenten Bier in seiner alten Stammkneipe. Er bestellte die nächste Runde für alle und sagte: Die lassen dich immer spüren, woher du kommst, und wenn du zehnmal der eigene Bruder bist. Und alles nur, weil er damals dichter an der Tür gestanden hat als ich, sonst hätte er gesessen, und ich wäre heute reich.

Als einer der Kumpels sagte: Du wärst bestimmt noch reicher, Manne, liefen einige Tränen aus Manfreds rotgeäderten Augen. Aber ich hätte alles, alles mit ihm geteilt, sagte Manfred. Klar, sagten die Kumpels und schlugen schweigend die Augen nieder.

1995

IM OSTEN NICHTS ALS OPFER?

Offenbar haben die Westdeutschen die 12,9 Prozent Sachsen-Anhaltiner DVU-Wähler gebraucht, um die Ostdeutschen endlich ernst zu nehmen. Acht Jahre lang haben sie ihnen ihr larmoyantes Gemaule über »die da oben«, ihre Fußtritte und Totschläge gegen »die da unten« nachgesehen als fatale Folgen ihrer autoritären Erziehung, ihrer mangelnden Bildung, ihrer Minderwertigkeitskomplexe.

Die Westdeutschen kamen in den Osten als Politiker, Mäzene, Glücksritter, Investoren, Spekulanten, als Lehrer und Richter, in jedem Fall als Erwachsene. In den Ostdeutschen sahen sie Menschen, denen man helfen musste oder die man übers Ohr hauen konnte, die man belehren oder bekehren oder bestrafen musste, auf jeden Fall Unterlegene, was den Tatsachen entsprach. Die Unangenehmsten unter den Westdeutschen waren für mich immer die, die es am besten meinten oder das zumindest vorgaben, die Therapeuten, die alles verstanden, die unter solchen Verhältnissen sicher selbst zu Schuften geworden waren, die in der Treuhand das wahre Übel sahen und in Helmut Kohl einen Rattenfänger, der die arglosen Kinder mit süßen Flötentönen ins Verderben lockte. Es waren nicht nur die Linken, deren passageres schlechtes Gewissen, das sie sich mit ihrer »Utopie DDR« oder mit ihrem Desinteresse an ihr redlich verdient hatten, sich nun im verspäteten Mitgefühl für die Ostdeutschen aufblähte.

Es waren auch Leute, die ein moralischer Reflex auf die Seite der Schwächeren zwang, was sicher ehrenwert war, aber nicht unbedingt hilfreich. Die meisten Westdeutschen aber schienen den Klagen der Ostdeutschen hilflos ausgeliefert. Sie genierten sich ob des eigenen Wohlstands; wo sie Selbstbewusstsein gewohnt waren, trafen sie auf Mitleid heischenden Jammer oder infantilen Trotz. Und natürlich schämten sie sich – zu Recht – der eigenen räuberischen Abgesandten, der Hasardeure und Betrüger. Was immer sie damals gehindert hat, mit den Ostdeutschen zu streiten wie unter Gleichen, es war falsch. Sie haben sich einschüchtern lassen durch das kindische Schimpfwort »Besserwessi«, statt den Streit zu wagen, wo sie sich im Recht glaubten oder nicht verstanden, wofür sie sich zum Verständnis genötigt fühlten.

Vielleicht hätte eine beherzte Auseinandersetzung nicht nur den wachsenden Unmut der Westdeutschen verhindert, sondern der ostdeutschen Gesellschaft auch bei ihrer politischen und kulturellen Differenzierung geholfen. Der Osten war von Anfang an nicht homogen. Und der Osten war von Anfang an nicht nur, wie der Westen ihn sah. Aber das Bild, das der Westen sich vom Osten machte, war das, was er in den Medien auch darstellte und verbreitete, bis alle es für das gültige nahmen, sogar die Ostdeutschen.

Als ich mich 1992 in einem Artikel öffentlich zu meiner

»Zonophobie« bekannte, reagierten ungefähr so viele Menschen zustimmend wie empört, und zwar im Osten wie im Westen. Wenn mein Eindruck damals richtig war, leidet die eine Hälfte der Ostdeutschen unter der anderen Hälfte der Ostdeutschen nicht weniger als die Westdeutschen unter vermeintlich allen Ostdeutschen. Für diese Ostdeutschen kommt zu dem Leid auch noch das Unrecht, in den allgemeinen, wenig Gutes assoziierenden Begriff »die Ostdeutschen« aufgesogen und so ihrer besten Eigenschaft, ihrer Lust an der Freiheit, am Aufbruch, am Risiko beraubt zu werden.

Sie hatten es seit 1990 unter ihren Landsleuten nicht leicht. Der Druck, der – besonders in akademischen Kreisen – auf jeden ausgeübt wurde, der die Jahre nach der Vereinigung nicht als Demütigung und die Bundesrepublik nicht als Besatzungsmacht empfinden wollte, wirkte als moralische Erpressung, und viele, die trotz der zu erwartenden Schwierigkeiten befreit und glücklich waren, wagten nicht, darüber zu sprechen. »Dir kann ich wenigstens sagen, wie froh ich bin und wie gut es mir geht.« Diesen Satz habe ich damals oft gehört. In dem öffentlichen Bild von den Ostdeutschen fehlt diese Hälfte. Wo ist sie geblieben? Hat sie dem Druck inzwischen nachgegeben und eingestimmt in die allgemeine Klage? Ist sie einfach eingetaucht in das neue Leben und tut, was ihr vorher verboten war? Ist sie unerkennbar geworden als ostdeutsch und wird längst dem Westen zugeschlagen? Von dieser Hälfte jedenfalls spricht die Öffentlichkeit nicht, wenn sie von »den Ostdeutschen« spricht. Und so bleiben die Ostdeutschen in der westdeutschen Wahrnehmung dumpf, stumpf, rechtsradikal, tölpelhaft und undemokratisch, dazwischen hin und wieder eine tüchtige sächsische Unternehmerin, ein tapferer Landwirt aus Mecklenburg und natürlich die nicht mehr gedopten, aber immer noch erfolgreichen Sportler.

Mit dieser Hälfte, die nicht nach einem halben Jahr vergessen hatte, wem die ruinöse Hinterlassenschaft zu verdanken war, die wusste oder wenigstens ahnte, dass auch jahrzehntelanges Schweigen Mitverantwortung bedeutet, die kein neues Wir-Gefühl aller Ostdeutschen brauchte und die Westdeutschen nicht als neues Feindbild, mit dieser Hälfte der Ostdeutschen hätten die Westdeutschen sich verbinden können, jedenfalls der Teil von ihnen, denen es um die Vereinigung und nicht nur um den Gewinn an ihr ging. Und eigentlich verstehe ich bis heute nicht genau, warum es nicht dazu kam. Stattdessen wurden Allianzen geschlossen, die jedem, der mit den östlichen Biographien vertraut war, vorkommen mussten wie die Hochzeit zwischen Füchsin und Hahn.

Die Elite der Marktwirtschaftler suchte ihre Verbündeten unter den Eliten der Planwirtschaftler.

Westdeutsche Anwälte, berühmt für die Verteidigung des Presserechts, also der Freiheit des Wortes, verteidigten plötzlich Hermann Kant gegen die Veröffentlichung seiner Missetaten.

In Talkshows avancierten die Würdenträger der alten DDR zu den neuen Opfern der Nation und klagten öffentlich mit einer Chuzpe, die ihren ehemaligen Staatsbürgern den Atem nahm, ihre demokratischen Rechte ein.

Wissenschaftler, die bis dahin für die Autonomie der Wissenschaft gekämpft hatten, solidarisierten sich mit den

Repräsentanten der gegängelten und dienstbaren Universitäten des Ostens. Heiner Fink wurde zur Symbolfigur eines Unrechts, das die westdeutschen Okkupanten den ostdeutschen Verlierern antaten.

In der Gleichsetzung aller Ostdeutschen mit den Verlierern der Einheit und aller Westdeutschen mit den Siegern liegt die mutwillige oder leichtfertige, die sentimentale oder von Gruppeninteressen geleitete Missinterpretation des ost-west-deutschen Konflikts. Die Verlierer der Einheit waren vor allem und zu Recht die Teilhaber der Macht; und die Sieger waren alle, die diese Macht nicht länger ertragen wollten.

Die politischen Parteien und Berufsverbände der Bundesrepublik setzten ihren eingeübten Kampf auf neuem Terrain fort. Wer im Westen gegen Kohl war, musste auch im Osten gegen Kohl sein, und wenn er sich dafür mit Markus Wolf verbünden musste. Die Gewerkschaften verteidigten ihre West-Tarife, auch wenn dabei den röchelnden Betrieben im Osten endgültig die Luft ausging. Die FDP, um die Interessen ihrer westlichen Wählerschaft zu wahren, setzte die verheerende Regelung »Rückgabe vor Entschädigung« durch und sorgte damit für einen Ausbruch von Existenzangst und Hass. Linke Anwälte wie Schily und Becker verteidigten die Demokratie gegen den alten Feind, den kapitalistischen Staat, indem sie die Täter einer Diktatur vor ihren Opfern schützten.

Die Parteien befehdeten und beschuldigten sich gegenseitig, als hätte die SPD tatsächlich den Zusammenbruch der ostdeutschen Wirtschaft verhindern können und den flächendeckenden Wohlstand im Osten anknipsen können wie das Licht im Wohnzimmer. In diesen Kämpfen, begleitet von triumphierenden Berichten der Medien über den Niedergang der ostdeutschen Industrie und dem schadenfrohen Anmahnen der blühenden Landschaften, formte sich langsam das doppelgesichtige Bild vom Ostdeutschen als Opfer.

Ein Gesicht gehört den Arbeitslosen, das andere den ehemaligen Teilhabern der Macht, die so unversehens wieder zu Sprechern aller Unzufriedenen ernannt wurden, auch der Arbeitslosen, deren Betriebe unter ihrer Herrschaft zu Schrotthaufen verkommen sind. In einem Land, in dem die politische Meinungsbildung sich vierzig Jahre lang nur als dumpfer Groll gegen die Obrigkeit vollzog, dessen geistige und politische Elite Jahrzehnt um Jahrzehnt abwanderte, lässt sich zwar über Nacht ein demokratisches System installieren, aber nicht ein demokratischer Geist. Es gibt keine Demokratie ohne den Willen ihrer Bürger, verantwortlich zu sein für das eigene Leben und die Verhältnisse, die es umgeben. Das setzt Selbstbewusstsein voraus, und das schafft Selbstbewusstsein. Den Ostdeutschen fehlt es im achten Jahr der Einheit nicht an Autos, nicht an Wohnraum, nicht an Nahrung, Kleidung und Bildungsmöglichkeiten, es fehlt ihnen vor allen Dingen an Selbstbewusstsein. Das werden ihnen keine Milliarden ersetzen. Noch weniger hilft es, sie von der Verantwortung für ihre Entscheidungen, auch für ihre Wahlentscheidungen, freizusprechen. Arbeitslosigkeit und ein nicht eingelöstes Kanzlerwort sind keine hinlängliche Erklärung für Rohheit, Dummheit und politischen Wahn, auch nicht für eine Atmosphäre, in der sich das ausbreiten kann. Wenn sich ein Teil der Ostdeutschen, wie sie oft betonen, als Menschen zweiter Klasse fühlen, dann nicht, weil sie immer noch weniger Lohn bekommen.

Die Werteskala, die sie deklassiert, legen sie selbst an. Die Polen auf den Spargelfeldern von Beelitz, die intelligenten polnischen Mädchen, die in Berlin putzen gehen, lassen den Gedanken an Zweitklassigkeit gar nicht aufkommen, und vermutlich fühlen sie sich auch als erstklassige Polen, die einfach mehr Geld brauchen, als sie haben. Welche Klasse gestehen die zweitklassigen Ostdeutschen eigentlich den Polen, Tschechen und Ungarn zu, die alle weniger Geld verdienen als sie? Ein polnischer Lehrer verdient umgerechnet 300 Mark, während ostdeutsche Lehrer mit Beamtenbezügen den nostalgischen Müll von einer autonomen sozialistischen Vergangenheit in die Hirne ihrer Schüler kleistern.

Die Wahlen von Sachsen-Anhalt, scheint es, haben die Ostdeutschen in den Augen der Westdeutschen strafmündig werden lassen. Das nörgelnde Kind hat sich ausgewachsen zu einem, das sie erschrecken kann.

Aber das schlechte Gewissen der Westdeutschen ist aufgebraucht, und die Dankbarkeit der Ostdeutschen hat sich längst in Wut verwandelt. Und jetzt? Was machen wir jetzt?

Man wird den neuen Menschen, den geläuterten Ostdeutschen nicht ausrufen können: Besinnt euch, gründet Initiativen, Selbsthilfegruppen, Kleinunternehmen, Parteien oder Kegelvereine; das wird nicht helfen. Sie sind, wie sie sind, und so werden sie auf absehbare Zeit auch bleiben.

Selbst auf die nächste Generation dürfen wir nur zur Hälfte hoffen, weil wir uns entschlossen haben, die Kinder auch in der Zukunft Lehrern zu überlassen, die zu den treuesten und verbohrtesten Staatsbürgern der DDR gehörten.

Aber man kann das Bild vom greinenden und gekränkten Ostdeutschen um seine fehlende Hälfte ergänzen. Dann wird sich zeigen, dass die Grenzen, die im psychopolitischen Atlas der Medien noch immer die Ost-West-Grenze markieren, längst mitten durch den Osten laufen. Das seelische Gleichgewicht der Ostdeutschen beruhte auf ihrer Gleichheit: Sie verdienten gleich wenig, sie waren gleich geduckt, gleich eingesperrt, gleich ohnmächtig. Inzwischen haben die einen Macht, die anderen nicht, die einen Arbeit, die anderen nicht, die einen viel Geld, die anderen wenig, die einen lernen, die anderen nicht.

Das einseitige Bild vom Ostdeutschen als Opfer – als Opfer seiner Vergangenheit, als Opfer von Kohl, als Opfer der Treuhand, der Industrie, der Immobilienmakler, der Drückerkolonnen, der eigenen Dummheit, als Opfer von allem und jedem – haben die Medien selbst geschaffen, weil nur das der eigenen politischen Überzeugung entsprach oder weil nur die schlechte Nachricht als gute Nachricht gilt oder einfach aus Lust an der Katastrophe. Es ist Zeit, dieses Bild zu korrigieren. Sicher haben die Ostdeutschen inzwischen ihre eigenen Betrüger und Spekulanten und brauchen die aus dem Westen gar nicht mehr. Allein die Gewissheit, für dieses Leben nicht zu gut und damit auch nicht zu schlecht zu sein, könnte ihr Selbstbewusstsein stärken.

1998

LEBENSENTWÜRFE, ZEITENBRÜCHE

In der Schule haben wir gelernt, unseren Lebenslauf zu schreiben. Ich sehe die Seite noch vor mir, die unterstrichene Überschrift: Lebenslauf, darunter kurz die wenigen Daten, die ein zwölfjähriges Leben hergibt: geboren als Tochter der und des, Umzüge von hier nach da, Einschulung, Eintritt in die Pionierorganisation, das war's.

Bis auf die Geburt waren das wohl die unwichtigsten Ereignisse im Leben einer im Krieg geborenen, im Nachkrieg und Kalten Krieg aufgewachsenen Generation, aber eben die eindeutigen, sicheren und darum benennbaren.

»Die Komponenten eines Lebenslaufs bestehen aus Wendepunkten, an denen etwas geschehen ist, das nicht hätte geschehen müssen. Das beginnt mit der Geburt«, sagt Niklas Luhmann.

Was aber, wenn wir einmal geboren sind, muss eigentlich geschehen? Dass wir wachsen, Zähne bekommen, sprechen lernen, in die Schule gehen? Gehört in die Schule gehen schon zum Geschehenmüssen? Wohl ja, jedenfalls hier, wo wir leben. Später müssen wir erwachsen werden, noch später alt bis zum ultimativen Muss, dem Tod.

Die sicheren, amtlichen Daten unseres Lebenslaufs sind also gerade nicht das, was unsere Biographie ausmacht. Sie sind das, was aller Voraussicht nach geschehen musste und eben auch geschehen ist.

Was aber musste nicht geschehen, und wie erfahren wir, ob das, was geschehen ist, nicht hatte geschehen müssen?

Nach den Erkenntnissen der Naturwissenschaften, insbesondere der Hirnforschung, sind wir in der Gestaltung unserer Biographien sehr viel unfreier, als wir uns fühlen. Allein unsere gattungsgeschichtliche Prägung und unsere individuelle genetische Ausstattung bestimmen unser Werden in einem Maß, das uns alle Illusionen über die Kraft unseres Wollens austreiben könnte. Die endgültige Prägung erfahren wir vor allem während der ersten Lebensjahre, wenn unser Hirn im Kontakt mit der Welt die lebenswichtigen und lebensbestimmenden Verschaltungen und Verknüpfungen erstellt, ein Prozess, der sich langsamer fortsetzt bis zur Pubertät, von deren Ende an wir Gefangene unserer Veranlagungen, zufälligen Erfahrungen, unserer Herkunft und Erziehung sind.

Obwohl wir ahnen, sogar wissen, wie klein unser Spielraum zwischen Schicksal und Zufall ist, kämpfen wir verzweifelt um das Recht auf Verantwortung für unser Tun und Lassen und für unsere Verdienste und somit auch für unsere Schuld, um unsere selbst gestaltete Biographie.

Ob ein heranwachsender Mensch seinen Lebensentwurf am Leben seiner Eltern ausrichtet oder eher in Opposition zu ihnen, liegt vermutlich an der Verträglichkeit der Temperamente (sofern die Eltern das ihrem Temperament gemäße Leben führen), an ersten Lieben und idealbildenden

Einflüssen der Außenwelt. Ich kenne allerdings Menschen, die in dem Bemühen, der elterlichen Prägung zu entkommen, alle Gefahrenpunkte wie ein Slalomläufer umfuhren, sodass sie am Ende doch die gleiche Figur hinterließen, nur in einer anderen Spur. Selbst wenn sie das Gefühl hatten, ihren eigenen Lebensentwurf zu verwirklichen, folgten sie doch einem anderen Plan, der, wie es scheint, unentrinnbar in ihnen angelegt war.

Aber was ist überhaupt ein Lebensentwurf? Was kann er sein? Jugendliche Lebensentwürfe reichen meistens nur für das erste Drittel, höchstens für die Hälfte unserer Lebenszeit und enthalten selten mehr als den gewünschten Beruf und eine der Person angemessene diffuse Vorstellung von Glück. Wahrscheinlich haben wir eher eine Idee von uns selbst als von dem Weg, den wir gehen müssen; und wahrscheinlich ist dieses Bild größer, schöner und siegreicher, als wir je werden können. Mag sein, dass unser erster Selbstentwurf einem Vorbild gleicht, oder dass er nur einen, von untauglichen Bildern umgebenen Leerraum darstellt, wie das Negativ einer Fotografie. Auf jeden Fall, sofern nicht außerordentliche Erfahrungen oder Lebenskatastrophen uns frühe Selbständigkeit abverlangen, zeichnen wir das erste Bild von uns noch als Kinder unserer Eltern, als Schüler unserer Lehrer.

Um an meinem Misstrauen in die Freiheit unserer Selbsterfindung und in biographische Wahrheiten keinen Zweifel zu lassen, will ich noch auf unseren unwiderstehlichen Drang verweisen, unseren Lebensgeschichten nachträglich, wenn das, was geschehen musste, und das, was nicht hätte geschehen müssen, zu unserem Leben verschmolzen ist und wir unseren Erstentwurf vergessen oder nach und nach unseren Möglichkeiten angepasst haben, diesem aus unzähligen Quellen zusammengeflossenen Verlauf unserer Lebenszeit einen Sinn zu geben, indem wir ihm eine Kausalität erfinden und damit uns selbst eine erzählbare Biographie.

Als die euphorische Phase der deutschen Einheit verflogen war und statt der erhofften Verbrüderung Misstrauen und Ressentiments die Gespräche bestimmten, wenn nicht gar verhinderten, forderte Richard von Weizsäcker die Deutschen auf, einander ihre Biographien zu erzählen, um das gegenseitige Verständnis zu befördern.

Ich hatte damals nicht den Eindruck, dass es an biographischen Mitteilungen gemangelt hätte, allerdings ohne die erwünschte Wirkung. Im Gegenteil: Es schien sogar, als ob die ostdeutschen Lebensberichte über Stasiverfolgung, Bildungsbehinderung, Berufsverbote oder auch nur den alltäglichen Irrsinn, die, da sie ein eintöniges Leben beschrieben, zuweilen auch eintönig anzuhören waren, die Westdeutschen bald langweilten, zumal sie selbst wenig zu Wort kamen. Nicht nur, dass die Ostdeutschen es sichtlich genossen, über die kleinen und großen Ärgernisse ihres Lebens, die sie bis dahin schweigend oder murrend hingenommen hatten, endlich öffentlich zu reden; sie erwarteten, zu Recht, das Interesse der Westdeutschen und forderten es, wenn es ihnen zu gering erschien, auch ein. Vielleicht kam ihnen ihr Leben, während sie es den ahnungslosen Westdeutschen zu erklären suchten, selbst so absurd und rückblickend sogar aufregend vor, zumal es durch den Glanz einer siegreichen Revolution verklärt wurde, dass die Biographien der Westdeutschen ihnen dagegen uninteressant und historisch von keinerlei Bedeutung erschienen. Jetzt, da dieses DDR-Leben abgeschlossen war und keine Probe aufs Exempel mehr zuließ, konnte man ihm, wie sonst nur in hohem Alter und kurz vor dem Tod, seine Rundung geben, die Brüche und losen Enden mit den Gewissheiten durch das erlösende Wort »weil« miteinander verbinden. In der Verschmelzung mit dem grandiosen historischen Ereignis, dem Sturz eines Regimes und dem Vollzug der nationalen Einheit, konnte jedes kleine Leben den Rang einer historisch bedeutsamen Biographie erringen, sofern es gelang, den eigenen Lebensfaden in die große Geschichte einzuflechten.

Wer in einer Diktatur, und sei es in einer gemäßigten, lebt, neigt dazu, was immer ihm geschieht oder nicht geschieht, dem anzulasten, der ungebeten in sein Leben eingreift. Misserfolge im Beruf, vergeudete Talente, gescheiterte Ehen, schwere Krankheiten werden den äußeren Zwängen zugeschrieben, zu Recht und zu Unrecht auch. Verschwindet die Diktatur, bleiben die Menschen mit ihren als unzureichend oder gar als misslungen empfundenen Biographien allein zurück. Ein Teil von ihnen wird die Chance nutzen und nachholen, was ihnen vorher verwehrt war, für andere wird es zu spät sein. Und es gibt Verlierer eines solchen Umbruchs: die einen, weil sie die Aktivisten und Nutznießer der Diktatur waren, die anderen, weil sie erfahren, dass ihnen auch unter veränderten Verhältnissen nicht gelingt, wovon sie immer geträumt haben. Für sie ist der Gewinn der Freiheit verbunden mit dem Verlust ihres Selbstbildes. Die eigentliche Demütigung findet für sie erst jetzt statt, da sie der Illusion über sich selbst beraubt werden, und das verlangt geradezu danach, die bewährten Selbstrettungsmechanismen zu aktivieren, was bedeutet, dass wieder die Verhältnisse für das verantwortlich gemacht werden, was als das eigene Scheitern empfunden wird. In den neuen Verhältnissen werden die alten vermutet, nur in anderem Gewand.

Ich weiß nicht, wie oft ich in den letzten zehn Jahren den Satz gehört und gelesen habe, der kapitalistische Markt wirke ähnlich wie die Zensur in einer Diktatur. Das mag sogar stimmen, trotzdem haben der Markt und die Zensur nicht das Geringste miteinander zu tun. Wenn die Lyrik es auf dem Markt schwer hat, dann nicht, weil sie verboten ist, sondern weil zu wenig Leute sie lesen wollen, auch wenn es für den, dessen Gedichte nicht gedruckt werden, das Gleiche bedeutet.

Eine der nachhaltigsten Hinterlassenschaften der DDR ist wohl, dass sie ihre Bürger in einer Art Dauerpubertät gehalten hat. Ich sage das aus eigener Erfahrung. Wer ein Leben lang gehindert wird, die berechenbaren Folgen seines Tuns zu verantworten und im Dialog mit seiner Umwelt die eigenen Konturen und Grenzen zu erfahren, wird ein Leben lang nicht erwachsen werden, sondern sich, je nach Temperament, in infantilen Trotz, ziellose Rebellion oder andere Ausweichstrategien flüchten; die defensiven Talente werden bis zur Perfektion entwickelt, während die offensiven verkümmern. Ob jemand sich gegen solche Zumutung auflehnt oder nur versucht, sich ihr, soweit möglich, zu entziehen, entscheidet – das jedenfalls ist meine Erfahrung – weniger die politische Überzeugung, nicht einmal Mut, sondern wieder das Temperament. Wer als Staatsfeind endete, begann möglicherweise nur mit einem unbeherrschten Ausbruch gegen einen Lehrer oder Polizisten und setzte damit einen Mechanismus in Gang, der das Urereignis endlos reproduzierte, das Konfliktvolumen mit jedem neuerlichen Fall ausdehnte, bis der aufsässige Mensch sich außerhalb der Gesellschaft wiederfand, zu der er ursprünglich hatte gehören wollen, aber eben als der, der er war.

Der Hirnforscher Wolf Singer, der anlässlich des letzten Historikertages vor zwei Jahren zu Ihnen gesprochen hat, beschreibt die Reaktion von Menschen, die durch Augeninfektionen bei ihrer Geburt erblindeten und denen später, als es möglich wurde, durch Transplantationen der Hornhaut oder der Linsen die physiologischen Voraussetzungen für das Sehen wiedergegeben wurden. Aber sie blieben blind. »Sie hatten jetzt«, berichtet Singer, »zwar funktionstüchtige Augen, konnten aber mit den Informationen, die erstmals zur Verfügung standen, nichts anfangen. Viele Patienten empfanden das, was sie jetzt plötzlich wahrnehmen konnten, nicht als visuelle Eindrücke, sondern als Geräusche oder als etwas Schmerzhaftes, als etwas nicht näher Beschreibbares. Sie lernten nicht, sich in der Sehwelt zu orientieren, Räume auszumessen oder Objekte zu identifizieren. Viele dieser spätoperierten Patienten wurden tief depressiv, weil ihre Erwartungen nicht erfüllt wurden, und die meisten fielen in ihren Blindenalltag zurück und trugen wieder dunkle Brillen.«

Der Grund dafür sei, sagt Singer, dass in bestimmten Entwicklungsphasen nach der Geburt visuelle Signale fehlten, um die entsprechenden Verbindungen im Gehirn zu konsolidieren, und darum diese Verbindungen eingeschmolzen wurden. Der Auswahlmechanismus missinterpretiere Verbindungen, die im Grunde funktionstüchtig seien, als sinnlos und vernichte sie. Dieser Vorgang sei irreversibel.

Der allegorische Gehalt dieses Falls rechtfertigt hoffentlich, dass ich, auf jedem Gebiet der Naturwissenschaft ein absoluter Laie, mich seiner bemächtige.

Ganz sicher lässt sich die Entwicklung unseres Sozialverhaltens nicht so klar und eindeutig nachweisen wie die unserer Sehfähigkeit. Es bildet sich nicht nur in einem Sinnesorgan und nicht nur an einem Partner; was der eine bestätigt, kann der andere verneinen. Trotzdem halte ich es für wahrscheinlich, dass bestimmte in uns angelegte Fähigkeiten, die dauerhaft nicht abgerufen werden, allmählich verkümmern und auch nicht mehr aktiviert werden können, wenn sie plötzlich gebraucht werden.

Die Fähigkeit der öffentlichen freien Rede war und ist bei fast allen Menschen, die mehr als nur ihre frühe Jugend in der DDR verbracht haben, auffällig unterentwickelt. Die wenigen Ausnahmen sind in der Regel Pfarrer und Wissenschaftler, die in Predigten oder Seminaren und Vorträgen eine gewisse Übung und Routine erworben haben. Vielleicht waren schon darum kurz nach dem Mauerfall die Pfarrer in der Politik so auffällig überrepräsentiert.

Ich selbst, die ich mittlerweile in öffentlichen Auftritten geübt sein sollte, kann bis heute nur aus der Opposition frei sprechen, aber nicht konstruktiv. Erst wenn ich so ärgerlich bin, dass ich alle Hemmschwellen vergesse, ordnen sich die Gedanken, finde ich die richtigen Worte und bekomme genug Luft. Da ich diese Unfähigkeit mit einigen Millionen Menschen der östlichen deutschen Regionen teile, halte ich sie nicht mehr für mein persönliches Defizit, sondern für eine infolge von Nichtbenutzung eingeschmolzene, ursprünglich funktionstüchtige, aber missinterpretierte Verbindung in meinem Gehirn.

Neben dem Bild von den Mauern in unseren Köpfen ist die Legende von den ihrer Biographien beraubten Ostdeutschen zum Topos unserer schwierigen Vereinigung geworden und hat sich, wie stetig wiederholte Behauptungen es an sich haben, mittlerweile scheinbar in eine unbestrittene Tatsache verwandelt, an der ich allerdings meine Zweifel habe.

Ein Mensch kann seiner Lebenschancen beraubt werden, er kann gewaltsam gehindert werden, sich eine Biographie zu schaffen, indem er eingesperrt wird oder sogar umgebracht. Aber sein gelebtes Leben kann ihm niemand mehr rauben, auch wenn es manch einem vielleicht gar nicht so unrecht wäre. Streitig machen kann man ihm aber die Deutungshoheit über seinen Lebenslauf, weil andere Menschen mit anderen Erfahrungen und Vorstellungen dieses Leben anders bewerten. Das mag nicht immer gerecht sein, aber es ist normal. Menschen machen sich Bilder von anderen Menschen, ohne genaue Kenntnis von deren Innenleben und ohne Rücksicht auf deren Selbstinterpretation. Männer machen sich ein Bild von Frauen und Frauen von Männern, Engländer von Deutschen, Deutsche von Amerikanern, Muslime von Christen, die Ostdeutschen von den Westdeutschen und die Westdeutschen von den Ostdeutschen. Vermutlich wird sich kaum einer der Porträtierten in seinem Abbild wiedererkennen, aber kaum einer wird auch behaupten, der andere habe ihm mit seiner Sicht auf ihn die Biographie geraubt, außer den Ostdeutschen, jedenfalls ein Teil von ihnen.

Es sind in der Regel nicht die ehemaligen Häftlinge von Bautzen oder Hoheneck, nicht die Ausgereisten oder reglementierten Dissidenten, sondern, abgesehen von den Stützen der Gesellschaft, die Dulder und Jasager, die sich, was keiner ihnen verdenken konnte, eingerichtet hatten zwischen Schrankwand und Farbfernseher, die Autoreifen für Mischbatterien getauscht und bei jeder Abstimmung den Arm gehoben haben, die sich morgens um vier nach einem Ferienplatz an der Ostsee angestellt haben, schimpfend und klagend, aber ohne sich zu wehren. Es liegt mir fern, den fehlenden Mut von damals einzuklagen, zumal das, was wir für Mut halten, oft nur mangelnde Anpassungsfähigkeit ist oder Angst vor der Feigheit. Wer ängstlich ist und nicht die Kraft verspürt, sich zu wehren, kann zu Mut nicht verpflichtet werden. Aber warum sehen gerade die Duldsamen von damals heute in den Westdeutschen die Räuber ihrer Lebensgeschichten; wie jemand, der jahrelang in einem dunklen Raum gelebt, sich mit Kissen und Teppichen warm und weich eingerichtet hat und dann, wenn jemand die Mauer durchbricht und Licht in den Raum fällt, beschämt erkennt, dass er in einer ziemlich unappetitlichen Umgebung gehaust und sich obendrein darin wohlgefühlt hat, und nun dem Licht die Schuld an seinem peinlichen Zustand gibt und dem Loch in der Mauer.

Die Ostberliner Mauer, die anfangs so unfassbar schien, dass auch ihre Befürworter an ihre Dauerhaftigkeit nicht glauben konnten, wurde mit den Jahren eine Normalität, eine empörende, unglaubliche Normalität. Weil niemand, der in der Stadt lebte, täglich und stündlich das Absurde seiner Situation ertragen konnte, nahm man die Mauer beim Durchqueren der Stadt hin wie alles andere, das Wege versperrte: Gebäude, Bahndämme, Werkmauern, bis irgendein Anlass den Schein des Normalen zerriss und der Irrsinn für kurze Zeit empfunden wurde, bis er wieder im Alltäglichen versank. Was nicht zu ändern ist und dauerhaft zu unseren gewohnten Lebensbedingungen gehört, nimmt, so unnormal es auch sein mag, allmählich die Gestalt des Normalen an, und wir verhalten uns dazu, wie es uns vernünftig erscheint, also so, dass wir und unsere Kinder möglichst gut überleben können. Als die Mauer fiel und die Bewohner der Stadt langsam wieder ihre Zusammenhänge erkundeten und der Nachbarschaften gewahr wurden, war der ganze Wahnsinn einer achtundzwanzigjährigen Normalität wieder so offenbar wie in den Tagen des Mauerbaus.

Die alte Normalität wurde ungültig wie altes Geld, und im Lichte einer anderen Normalität drängte sich die Frage auf oder wurde von außen aufgedrängt, warum und wie wir das alles so lange ertragen haben. Wer nicht mit sich selbst und den anderen ins Gericht gehen wollte, hatte nur die Möglichkeit, sich entweder als das Opfer einer unangreifbaren Machtmaschine zu beschreiben oder die Verhältnisse als annehmbare und darum zum Widerstand nicht zwingende. Mit beiden Darstellungen aber beraubte er selbst sich seiner Biographie, denn die Machtmaschine war nicht unangreifbar und die Verhältnisse waren, solange man nicht jeglichen Freiheitsdrang in sich erstickt hatte, nicht annehmbar.

Vielleicht ist es ja dieses dem Rückblick entspringende

Missbehagen und das Bedürfnis, eine Erklärung zu finden für die eigene Duldsamkeit, was den Ostdeutschen die fremde Interpretation ihrer Vergangenheit so unerträglich macht. Wahrscheinlich wäre die Diskussion über die Biographien der Ostdeutschen offener und ergebnisreicher verlaufen, wäre sie in der medialen Öffentlichkeit nicht von Anfang an als Ost-West-Konflikt behandelt worden, sondern als das, was es während der vierzig Jahre davor war: ein Ost-Ost-Problem. Das hätte nicht nur die Mär vom innigen Zusammenhalt und der menschlichen Wärme aller DDR-Bewohner dem Gelächter einer anderen Erfahrung ausgesetzt; das hätte auch die PDS samt ihren Wählern als alleinige Repräsentanten des Ostens verhindert und stattdessen ein intelligenteres und souveräneres Bild der Ostdeutschen, eben des anderen Teils von ihnen, in das Bewusstsein der Nation gerückt; jenes Teils, der sich der Demütigungen, der verletzten Selbstachtung und der eigenen Deformationen immer bewusst war, der sich irgendwo eine ehrbare Nische erobert hatte, in der die eigenen Gesetze galten und der Anspruch, für das eigene Leben verantwortlich zu sein, überdauert hat.

Es hat den Anschein, als hätte es einer Naturkatastrophe bedurft, um unter den Karikaturen ostdeutscher Unbeholfenheit und Unbelehrbarkeit dieses andere Bild freizulegen und den Dresdener oder Pirnaer Bürger zu entdecken, der ebenso wie der Passauer Bürger unerschrocken und bis zur Erschöpfung seine Stadt schützt. Jetzt, da die Geschäfte abgesoffen und die Werkstätten vom Wasser zerstört sind, erfahren wir, wer alles inzwischen etwas aufgebaut hatte und entschlossen ist, es noch einmal aufzubauen.

Ostdeutsche Lebensläufe offenbarten oft erst im Licht ihrer gesamtdeutschen Fortsetzung, was sie wirklich gewesen waren, was man ihnen vorenthalten und zugefügt hatte; für die einen mag das den Verlust ihres Selbstbildes bedeutet haben; andere haben es wiedergefunden.

Als ich Mitte dreißig war und vermutlich wieder einmal unzufrieden mit meiner Herkunft, Erziehung und Veranlagung, sagte eine Freundin zu mir, ab irgendwann sei es unwichtig, warum wir wie geworden sind; wichtig sei nur noch, was wir daraus machen. Das ist ein hilfreicher Satz in meinem Leben gewesen, auch wenn der Spielraum vermutlich geringer war, als ich dachte.

2002

REDE ZUM NATIONALPREIS

Der Preis der Deutschen Nationalstiftung ist kein Literaturpreis. Er ist ein politischer Preis, der vor allem dem politischen Wirken unserer Arbeit im Sinne der Stiftung gilt, deren Ziel es ist, die Fremdheit zwischen Ost und West zu überwinden und die nationale Identität der Deutschen in einem vereinten Europa zu stärken. Dass unsere Bücher in den Augen der Stiftung dazu beitragen können, ehrt uns. Was als Würdigung durch eine politische Stiftung eine Ehre ist, kann als Kriterium für die Literaturwissenschaft und die Literaturkritik allerdings zu einem Problem geraten, über das zu sprechen mir diese Preisverleihung eine glückliche Gelegenheit bietet. Ich meine die politisch-pragmatische Rezeption der Bücher von ostdeutschen Autoren und die geschürte Erwartung, darin endlich eine Erklärung zu finden für dieses unverständliche Land mit seinen ebenso unverständlichen Bewohnern.

Für mich war die DDR weniger ein Land als eine Zeit, und nur so rechtfertigt sich auch der beliebte Zusatz damalig: die damalige Zeit. Die damalige DDR wäre eine Tautologie; es gab nur diese eine DDR, wie es die Weimarer

Republik und den deutschen Nationalsozialismus nur einmal gegeben hat. Was aber heißt es für den Schriftsteller, eine Zeit zu erklären?

Er lässt seine Figuren in den Bedingungen ihrer Zeit agieren, egal, ob er die Geschichte einer großen Liebe oder gesellschaftlicher Umbrüche erzählen will. Er erzählt von Personen in den Verstrickungen oder in Kollision mit ihrer Zeit, und wenn es gelingt, erhellen die Personen die Zeit und wirft die Zeit ein Licht auf die Personen. Nichts anderes, jeder seiner Erfahrung und seinem Temperament gemäß, haben auch wir gemacht, die wir Geschichten über das Leben aus unserer Zeit, aus der DDR, geschrieben haben. So betrachtet, wäre das Bedürfnis nach Erklärung ja gar nicht falsch: etwas klären, klarer werden lassen, als es vorher war.

Trotzdem reizt es mich zum Widerspruch, fast zur Verweigerung.

Es assoziiert die Existenz von etwas ganz und gar Fremdem, das unbedingt der Erklärung bedarf wie ein kompliziertes technisches Gerät oder ein Naturphänomen, unbegreiflicher als das Mittelalter, etwas, dem der Erklärungsuchende ganz und gar ahnungslos und unschuldig gegenübersteht. Und das, obwohl wir alle gemeinsam 1945 von einer viel grausameren Diktatur befreit wurden, die Erfahrung mit dem Leben unter einer Diktatur also zu jeder deutschen Familiengeschichte gehört. So verstört und schuldbeladen sind wir damals in die getrennten Wege der deutschen Nachkriegsgeschichte aufgebrochen, für vierzig Jahre, die ausgereicht haben sollen, um füreinander unverständlich zu werden.

Das kann ich nicht glauben. Mögen die Bedingungen, unter denen die Ostdeutschen in diesen Jahrzehnten gelebt haben, auch absurd anmuten, ihre Lebensstrategien, ihr Versagen oder ihr Mut, die Neigung, sich einzurichten in Verhältnissen, die sie nicht ändern konnten, können den Westdeutschen, schließlich aus gleichem Holz geschnitzt und mit dem gleichen historischen Ballast behängt, unmöglich so fremd und rätselhaft gewesen sein, wie sie vorgegeben haben. Ich weiß ja nicht, wer ich da gewesen wäre – das war oder ist immer noch ein Standardsatz im deutsch-deutschen Dialog, mit dem eine gewisse Unsicherheit über die eigene Standhaftigkeit immerhin eingeräumt wird.

Kein Ostdeutscher, der diesen Satz nicht schon gehört hätte, und vermutlich auch keiner, der nicht ab und zu gedacht hat: Ich weiß genau, wer du gewesen wärst, und du selbst könntest es auch wissen. Und damit bin ich wieder bei meiner Irritation über die Aufklärungs- und Erklärungsforderung an die Literatur. Wenn wir eine Geschichte über einen Pferdehändler lesen, der im 16. Jahrhundert ein erlittenes schweres Unrecht mit einem Rachefeldzug beantwortet, dann erfahren wir zwar auch etwas über die Willkür und Korruption unter feudaler Herrschaft, das ließe sich aber effektiver in einem Geschichtsbuch nachlesen. Nicht darum hat Kleists Novelle die Jahrhunderte überdauert und ist der Name Michael Kohlhaas zu einem Synonym für zerstörerischen Gerechtigkeitswahn geworden, nicht weil uns die Zeit erklärt wird, in der sie passiert ist, zumal zwischen dem historischen Geschehen und dem Entstehen der Novelle zweihundert Jahre liegen, sondern weil wir dem

Menschen, dem diese Geschichte widerfahren ist, diesem rechtschaffensten und zugleich entsetzlichsten Menschen seiner Zeit, in seine Irrungen und Abgründe folgen, seine Besessenheit verstehen und in uns selbst erkennen und uns zugleich darüber entsetzen.

Das vermag Literatur im glücklichsten Fall: Im einzelnen Menschen verstehen, was uns allen innewohnt, und die Umstände erkennen, die es zutage fördern können. Die Literatur als intuitiver Weg der Erkenntnis, die in der Sprache ihre Zuspitzung oder ihren Ausgleich findet, die in den Exzess oder zur Versöhnung führt – so würde ich vage benennen, was mich zum Schreiben von Büchern antreibt, und ich nehme an, dass es so oder ähnlich für andere auch gelten könnte. Wenn ich das als Maßstab für das Gelingen oder Misslingen meiner Arbeit setze und mir die Arbeit gelungen, wenigstens nicht misslungen ist, dann hätte ich mehr erklärt als das Leben in der DDR. Dann könnte jemand, der das Buch liest, vielleicht sogar zu seinem Erstaunen feststellen, dass er, wenn auch in gänzlich anderen Konstellationen, schon ähnlichen Gewissensnöten ausgesetzt war, von ähnlichen Ohnmachtsgefühlen heimgesucht wurde, dass er den Menschen, von dem er liest, auch in sich selbst finden kann.

Wenn meine Arbeit mir nicht misslungen ist, habe ich also nicht die DDR erklärt, sondern ich habe erzählt, was mit Menschen geschieht, wenn sie Verhältnissen unterworfen sind, in denen sie eine relative materielle Sorglosigkeit mit ihrer geistigen Freiheit bezahlen und in denen der Versuch, sich aus der Unmündigkeit zu befreien, die Existenz und sogar die leibliche Freiheit kosten kann. Auch wer nicht in der DDR gelebt hat, wird in seinem Leben an einem vergleichbaren Kreuzweg gestanden und seine Entscheidung getroffen haben. Dass die gesamte literarische Produktion Ostdeutschlands zwischen 1949 und 1990, und sogar darüber hinaus, sowohl in der Germanistik als auch im Feuilleton bis heute unter der Bezeichnung DDR-Literatur abgehandelt wird, ist nicht nur ein Ärgernis, sondern führt auch zu einer verengten Wahrnehmung der Texte, die vor allem auf ihren DDR-Bezug gelesen und damit ihrer Übertragbarkeit auf andere Lebenswelten beraubt werden.

In die Kategorie DDR-Literatur fällt von Willi Bredel, Kuba und Louis Fürnberg bis zu Heiner Müller, Thomas Brasch und Sarah Kirsch jeder und alles, weil es sich dabei eben nicht um eine literarische, sondern um eine geopolitische Kategorie handelt, in die selbst noch Autoren eingeordnet werden, die zum Zeitpunkt der deutschen Vereinigung keine zwanzig Jahre alt waren.

Die Bundesrepublik Deutschland feiert in diesem Jahr ihr sechzigjähriges Bestehen. Ein Drittel dieser Jahre ist schon unsere gemeinsame Zeit. Und trotzdem erweckt es oft den Eindruck, das deutsche Original, auch in der Literatur, ist bundesdeutsch, der Osten eine seltsame Abart. Es ist an der Zeit, die Literatur, die in der DDR entstanden ist oder sie als Erfahrungsmaterial verwendet, an ihrer literarischen Qualität zu messen, statt sie nach ihrer geographischen Herkunft oder ihrem politischen Standort zu klassifizieren. Die DDR war das Ergebnis der gemeinsamen deutschen Geschichte, sie gehört zur deutschen Geschichte, und die Literatur, die in ihr geschrieben wurde, ist deutsche Literatur, gute oder schlechte, wahrhaftige und verlogene –

vieles, was schon vergessen wurde, und anderes, das vermutlich vergessen wird, wie zu allen Zeiten. Vielleicht wird manches überleben, aber das entscheiden nicht wir.

2009

DIE BESSERFUNDIS

Es ist verrückt: Die *Süddeutsche Zeitung* behauptet, wer die Toleranz verteidigt, ist intolerant, und sie vergleicht den für den *SPIEGEL* schreibenden Henryk M. Broder mit einem bombenzündenden Terroristen. Die *Frankfurter Allgemeine Sonntagszeitung* verteidigt pathetisch das Kopftuch gegen die Meinungsfreiheit, und in der *taz* wird Necla Kelek und mit ihr der gesamte Feminismus in die Nähe der Nazis gerückt.

Was ist eigentlich los? Warum gilt die Aufklärung plötzlich als fundamentalistisch? Warum werden die westlichen Werte am liebsten in Anführungszeichen gesetzt? Warum wird vom christlichen Fundamentalismus gesprochen, als hätten wir ihn nicht, Gott sei Dank, überwunden, sondern müssten heute noch unter ihm leiden? Warum haftet dem Wort säkular neuerdings etwas Zweifelhaftes an? Was bewegt unsere aufgeklärten, toleranten Zeitgenossen in den Redaktionen, die gesetzlichen Garantien für unsere individuelle Freiheit infrage zu stellen und selbst als Erste die Meinungsfreiheit, nämlich die der Islamkritiker, zu attackieren, indem sie diese zu »Hasspredigern« und »heiligen Kriegern« erklären, denen eigentlich das Wort entzogen gehörte? Wer sind sie, dass sie säkularen oder gläubigen Muslimen das

Recht absprechen, sich mit ihrer Kultur, ihrer Religion auseinanderzusetzen? Wie kommen sie überhaupt dazu, Menschen in deren eigenen Konflikten zu entmündigen und statt ihrer das Wort zu ergreifen?

Das Muster ist nicht neu. Die Gründung der polnischen Gewerkschaft Solidarność hielt Günter Gaus, und nicht nur er, für verantwortungslos und den Weltfrieden gefährdend.

Als ich 1988, eineinhalb Jahre vor dem Fall der Mauer, nach Hamburg kam und da vor einer Gruppe linker Frauen den Zustand der DDR zu erklären versuchte, sagte ich, man müsse bedenken, dass in diesem Land seit 55 Jahren niemals Demokratie geherrscht habe. Die Antwort war empörtes Geschrei, ob ich denn etwa glaubte, bei ihnen gebe es Demokratie oder im Westen sei irgendetwas besser.

Als ich kurz nach dem Fall der Mauer im Hamburger Institut für Sozialforschung die deutsche Einheit für wünschenswert erklärte, erntete ich Hohngelächter und empörte Blicke. Der Gegner war ich, nicht ein diktatorischer Staat, dessen Untergang zu wünschen ich allen Grund hatte, der aber als Folie für manche westdeutsche Utopien offenbar taugte, der darum vor mir in Schutz genommen werden musste, vor mir und – das vor allem – vor dem eigenen verhassten Staat, der als Zeichen der Gleichmacherei von Ost und West auch nur mit drei Buchstaben als BRD bezeichnet wurde.

Die Verbündeten der westdeutschen Linken wurden auch im Prozess der Vereinigung nicht die ostdeutschen Regimekritiker. In keiner Partei sind die Bürgerrechtler so unsichtbar geworden wie bei den Grünen. Rechtsanwälte, von denen man es nicht erwartet hätte, drängten sich, um die gestürzten Machthaber und deren Helfer vor der westdeutschen Siegerjustiz zu retten. Sogar das Wort Besserwessi haben die Westdeutschen in ihrem Selbstmisstrauen gern verwendet.

Auf der ostdeutschen Unsicherheit haben damals viele ihre Suppe gekocht: die Gewerkschaften, die um ihre Tarife fürchteten, jede Partei, die gerade nicht regierte und darum nichts zu verantworten hatte. Die politische Auseinandersetzung des Westens wurde ausgeweitet auf das östliche Territorium, wobei die ungelösten Konflikte der Ostdeutschen untereinander gleich mit übernommen wurden und ab da als Ost-West-Konflikte galten, als wären die Ostdeutschen während der 40 Jahre Diktatur eine homogene Masse gewesen.

Damals ging es nicht um Religion und eine fremde Kultur, aber auch damals ging es darum, die Deutungshoheit in einem Konflikt, an dem man nur mittelbar beteiligt war, an sich zu reißen und an den eigenen Interessen auszurichten. Im Fall der deutschen Vereinigung waren die Motive noch offenbar: Die einen wollten wenigstens den Schatten ihrer Utopie bewahren, andere feierten die Misserfolge der politischen Gegner als eigene Siege, manche wollten auch nur ungestört ihre Geschäfte betreiben.

Im Fall des Islam und seiner Kritiker fällt die Diagnose schwerer.

Am klarsten erkennbar ist das Interesse all derer, die einen größeren Einfluss der Kirchen wünschen, denen der Säkularismus, egal ob in islamischen oder christlichen Ländern, nicht erstrebenswert ist und die darum in Necla Kelek und anderen säkularen Muslimen Gegner der eigenen Vorstellungen und Ziele sehen. Man könnte fast fürchten, für sie sei die Scharia, gemessen an einem drohenden Atheismus, das kleinere Übel.

Ich kann nicht glauben, dass alle Feuilletonisten unserer großen Zeitungen zu Agenten der Kirchen geworden sind. Wie aber erkläre ich mir den Satz von Thomas Steinfeld in der *Süddeutschen Zeitung*: »Wer die Grundbegriffe der Demokratie behandelt, als wären sie Glaubensartikel – Gebote, zu denen man sich bekennen muss –, der ist von der Gesinnung ihrer Gegner schon durchdrungen«?

Nun sind in Westeuropa die Grundbegriffe der Demokratie keine Glaubensartikel, keine Gebote, sondern Gesetz, zu dem man sich nicht bekennen, aber das man befolgen muss, wenn man hier lebt. Dazu gehören die Meinungsfreiheit, auch Religionsfreiheit, die Selbstbestimmung des Individuums, eine weitgehende Trennung von Kirche und Staat und die Gleichstellung der Frau.

Nichts anderes fordern die gescholtenen Kritiker des Islam. Sie verteidigen, was ihnen in einer, in unserer, freiheitlichen Gesellschaft kostbar ist. Wer sie attackiert, hält ihren Anspruch anscheinend für unangemessen.

Es geht in der Debatte also gar nicht um den Islam und seine Kritiker, sondern es geht um uns, um unser Vertrauen in die Demokratie und in unser Recht, auf Gesetzen und einer Lebensform zu bestehen, die in jahrhundertelangen Kämpfen gegen staatliche und klerikale Despotien erobert wurden.

Und das sollten wir, folgen wir Thomas Steinfeld und seinen Mitstreitern, zur Disposition stellen, weil für den, der

»auf Toleranz beharrt«, die Toleranz nicht aufhören könne, »wenn ein anderer nicht tolerant sein will«.

Das ist die Aufforderung zum geistigen Selbstmord. Nach dieser Logik dürften wir nicht einmal protestieren, wenn in der Bundesrepublik die Scharia als gültiges Gesetz eingeführt würde. Eine intellektuelle Debatte ist kein kriegerischer Akt, beschriebene Seiten sind keine gezündeten Bomben. Und wer nicht den Mut hat, die Werte einer freiheitlichen Gesellschaft gegen intolerante Ansprüche zu verteidigen – oder wenigstens von anderen verteidigen zu lassen –, verhält sich nicht wie ein Demokrat.

Wären die kämpferischen Kritiker der Islamkritiker in einer islamischen Kultur aufgewachsen, wie Necla Kelek, oder hätten sie, wie ich, den größten Teil ihres Lebens in der DDR verbracht, wären ihnen die westlichen Werte, bei all ihrer Unvollkommenheit, vielleicht wertvoller.

2010

WARUM ICH NIE LATEIN GELERNT HABE

Dankesrede für den Humanismus-Preis der deutschen Altphilologen

Aus Gründen, die ich erst viel später verstand, verschlug es mich auf die einzige Oberschule Ost-Berlins, wenn nicht der ganzen DDR, die noch Gymnasium hieß, nämlich »Berlinisches Gymnasium zum Grauen Kloster«. Das fand ich zwar interessant, aber auch ein bisschen lächerlich. Die Ermahnungen älterer Lehrer, der Tradition unserer ehrwürdigen Schule den gebührenden Respekt zu erweisen, wirkten auf mich komisch, rührend auch, und als wir zum 1. Mai 1958 mit Schulemblem und Schulfarben für die Sportlerriege marschierten, wusste ich nicht genau, ob ich das Traditionsgetue eher peinlich oder vielleicht doch reizvoll finden sollte.

Mein Bekenntnis zum Gymnasium und zur Tradition meiner Schule setzte erst am Nachmittag dieses 1. Mai 1958 ein. Meine Eltern saßen mit einigen Freunden, darunter ein Polizeipräsident, in unserem Wohnzimmer und bestürmten mich in ihrer Feiertagslaune mit Fragen nach meiner Schule. Sie hatten von ihrer Tribüne tatsächlich unser Emblem gesehen, und obwohl meine Eltern ja auch vorher wissen mussten, wie meine Schule heißt, waren sie plötzlich aufgebracht und entschlossen, diesen anachronistischen Unfug zu beenden. Ob die folgenden Ereignisse dann wirklich eintraten, weil unser Emblem meinen Stiefvater und seine Freunde an die Kränkungen ihrer Kindheit erinnert hat oder doch vor allem, weil sich eine Abiturklasse des altsprachlichen Zweigs geschlossen zum dreizehnten Schuljahr in West-Berlin angemeldet hatte, weiß ich nicht. Jedenfalls wurde unsere Schule umbenannt in 2. Oberschule Mitte, wir bekamen einen neuen Direktor, der nicht einmal des Deutschen vollkommen mächtig war, geschweige denn des Griechischen oder Lateinischen, dafür aber verlangte, dass alle Schüler die nächsten zwei Wochen in FDJ-Blusen zu erscheinen hatten Während ich noch zwei Jahre lang miterlebte, wie meiner Schule die Reste gymnasialen Geistes ausgetrieben wurden, gewann das Wort Gymnasium für mich einen verheißungsvollen Glanz, ähnlich solchen Worten wie Kammermusiksaal oder Handwerkerinnung oder Königlich-Preußische Porzellanmanufaktur. Jedenfalls erzähle ich jetzt noch gerne, dass ich Schülerin des Berlinischen Gymnasiums zum Grauen Kloster war, wenn ich auch nur zum R-Zweig (das heißt verstärkter Russischunterricht) gehörte und von dem Bildungsgut meiner Schule gar nicht profitieren konnte Obwohl wir, die Schüler des R-Zweigs und somit Vertreter der *lingua franca* in einer sozialistischen Zukunft, eigentlich als Pioniere des Fortschritts an diesem Hort der bildungsbürgerlichen Reaktion gedacht waren, war in mir während der vier Jahre am Grauen Kloster außer der Sympathie für das Wort Gymnasium der Wunsch erwacht, selbst zu den Lateinern zu gehören. Die Lateiner, fand ich, waren das Höhere, das Bessere. In ihnen schien mir etwas fortzuleben, was wir nur aus Büchern kannten, eine Wissenstradition und ein Bündnis mit der Menschengeschichte. Ich weiß nicht, ob ich das damals so gesagt hätte, wahrscheinlich nicht, aber gefühlt habe ich es so.

Kurz nach dem Abitur traf ich meinen ehemaligen Direktor im Pressecafé in der Friedrichstraße. Beide, der Direktor und das Pressecafé, gehörten einer vergangenen Zeit an. Das Pressecafé war einem Wiener Caféhaus nachempfunden, ein großer Saal, möbliert mit Thonetgestühl, es gab Frühstücksgulasch für zwei Mark, und irgendeinen Bekannten traf man da immer, meistens mehrere, egal zu welcher Tageszeit. Das Pressecafé war ein subversiver Ort, der darum auch einige Zeit später zu einem Broiler-Restaurant und danach zu einem Lagerraum degradiert wurde.

Und manchmal traf ich da auch Herrn Plagemann, unseren ehemaligen Direktor, der aus unserer Schule verschwunden war, als man sie ihres schönen Namens beraubt hatte. Herr Plagemann war ein alter, in meinen Augen damals uralter Herr mit weißem Haar und einem gebeugten Rücken. Er unterrichtete Griechisch und Latein, darum kannte ich ihn nicht als Lehrer, nur als Direktor. Wenn unsere Klasse, die der ihr zugedachten Rolle an der Schule weder bewusst noch für sie geeignet war, wenn wir uns also wieder einmal ungebührlich betragen hatten, ließ Herr Plagemann meistens mich rufen. »Maron zum Direktor«, rief die Sekretärin dann mitten im Unterricht in den Klassenraum. Und dann sagte Herr Plagemann zu mir, ich sei doch ein vernünftiges Mädchen, und was sei denn in meiner Klasse wieder los und ob ich nicht mal mit meinen Mitschülern reden könne; solche Sachen eben, die mich, wie ich zugeben muss, nicht unbeeindruckt ließen. Ich mochte Herrn Plagemann.

Als ich ihn wieder einmal im Pressecafé traf, sagte ich ihm, wie leid es mir tue, dass ich an der Schule nicht zu den Lateinern gehört hätte und ob er wisse, wie ich dieses Versäumnis korrigieren könne. Ich wolle unbedingt Latein lernen. Herr Plagemann sagte, er hätte jetzt Zeit, und Latein könne ich bei ihm lernen. Danach kam er einmal in der Woche in meine sehr provisorische Wohnung in der Saarbrücker Straße im Prenzlauer Berg und brachte mir Latein bei. *Puella – puellae – puellae – puellam.*

Und jedes Mal hatte er zwei Flaschen süßen Krimwein in seiner Aktentasche, die wir während meiner Studien auch austranken. Vielleicht habe ich darum fast alles vergessen, was ich damals gelernt habe. Nur warum Herr Plagemann davon überzeugt war, dass die Römer unmusikalisch waren, habe ich mir gemerkt: *Gallus cantat.* Wer behauptet, dass der Hahn singt, sagte er, kann unmöglich musikalisch sein.

Als Herr Plagemann einmal keine Zeit oder auch nur vergessen hatte, den Wein zu besorgen, waren für mich die lateinischen Vokabeln und Deklinationen schon so von süßem Krimwein durchtränkt, dass ich nach einer Stunde allein von den lateinischen Wörtern berauscht war. Für einige Monate wurde ich also einmal wöchentlich im Lateinischen unterrichtet, bis Herr Plagemann eines Tages seine Arme um mich legte und sagte, ein Mädchen wie mich hätte er sich immer gewünscht, als er ein junger Mann war.

Dabei sah er mich an, als wünsche er sich dies Mädchen immer noch. Danach haben wir uns nicht mehr gesehen, und ich habe nie Latein gelernt.

Das ist nicht die einzige Lücke in meiner Bildung geblieben, und ich gestehe, dass andere mich mehr schmerzen. Aber Latein war in meinen Bildungsbemühungen das erste Hindernis, das ich mit Bewusstsein nicht überwunden habe, und ist mir zum Synonym für alle folgenden Versäumnisse geworden. Spuren meines Kummers darüber, mich aus der Kaste der Nicht-Lateiner nicht erhoben zu haben, konnte die Jury wohl in meinen Büchern finden. Umso mehr freut mich die Anerkennung der Lateiner, denen ich für diesen Preis herzlich danke.

2010

DAS LICHT DES WISSENS

Im Jahr 1729 wurden in Deutschland zwei Knaben geboren – Gotthold in Kamenz, Moses in Dessau –, die fünfundzwanzig Jahre später in Berlin eine Freundschaft begründen sollten, die einzigartig war in ihrem freiheitlichen Geist und ihrer Unvoreingenommenheit, die eine Demonstration dessen war, was das Lebenswerk beider Männer später prägte: das Ringen um Aufklärung und Toleranz.

Beide kamen aus streng religiösem, wenig bemitteltem Elternhaus, Lessing aus dem lutherisch-orthodox geprägten Pfarrhaus in Kamenz, Moses aus dem Dessauer Ghetto, wo sein Vater als Thoraschreiber die Familie mühsam ernährte.

Als sich Lessing und Moses Mendelssohn 1754 in Berlin trafen, hatten sich beide mit bestaunenswertem Furor und in einem Alter, das wir fast noch der Kindheit zurechnen, ihren Weg aus der Enge ihrer Herkunft und durch das Dickicht gesellschaftlicher Beschränkungen geschlagen. Als Moses' Lehrer, der Dessauer Landesrabbiner David Fränkel, nach Berlin berufen wurde, sah sein stotternder vierzehnjähriger Schüler mit der schmächtigen Gestalt und dem gekrümmten Rücken für sich keine andere Möglichkeit, als dem Licht des Wissens, das ihm in die Dessauer Judengasse gefallen war, in einem dreitägigen Fußmarsch nach Berlin zu folgen. Fränkel hatte ihn mit den Lehren des Maimonides von Córdoba bekannt gemacht, einem mittelalterlichen jüdischen Theologen und Philosophen, der durch eine allegorische Auslegung der Thora die biblische Offenbarung mit den Erkenntnissen der Naturwissenschaften und der Philosophie in Einklang bringen wollte; für Moses der erste Ausweg aus dem erstarrten Gebäude der jüdischen Orthodoxie.

Und der Pfarrerssohn Lessing, dessen Bildungsweg hingegen dank eines Stipendiums über die Fürstenschule St. Afra in Meißen führte, war nach halbherzigen Studien der Theologie und Medizin dem familiär vorgegebenen Lebensplan in die anrüchige Welt des Theaters, zur Schauspieltruppe der Caroline Neuber entflohen, die seinem freiheitlichen Temperament und seiner Neugier auf die Welt mehr zu bieten hatte als die reine akademische Gelehrsamkeit.

Was immer es war, das Lessing befähigte, dem verwachsenen kleinen Juden Moses ganz und gar vorurteilsfrei gegenüberzutreten, als der jüdische Arzt Aaron Gumpertz die beiden miteinander bekannt machte – ob die gemeinsame Erfahrung bedrückender religiöser Enge und erlittener Armut, ob der gleiche Bildungshunger –, auf jeden Fall war Lessing in Moses Mendelssohns Leben der erste Deutsche, der ihm von Anfang an ohne jeden Vorbehalt begegnet ist.

Schon 1749, also fünf Jahre bevor er Moses traf, hatte Lessing das Stück »Die Juden« geschrieben, in dem er die Welt auf den Kopf stellte und einer hässlichen christlichen Umwelt einen idealen Juden präsentierte. Aus Geldmangel wohnte Lessing im Berliner Judenviertel, wo er auch den gebildeten, reichen und weltläufigen Aaron Gumpertz kennengelernt hatte, und man darf annehmen, dass es außer seiner tiefen Ablehnung christlich-religiöser Anmaßung diese Erfahrung war, die Aufklärung und Judenemanzipation für ihn dauerhaft miteinander verband.

Der Ruf Friedrichs des Großen als aufgeklärter Monarch und Freund Voltaires verschleiert im historischen Rückblick oft die elenden und entwürdigenden Bedingungen, unter denen die Juden in Berlin lebten. Unterteilt in sechs Klassen, von denen nur die wenigen Schutzjuden mit nennenswerten staatsbürgerlichen Rechten bedacht waren, lebten die meisten gesellschaftlich verachtet und isoliert, ohne Sicherheiten, ohne Freizügigkeit, viele sogar ohne das Recht zu heiraten. Vor diesem Hintergrund ist die offene Freundschaft und der leidenschaftliche geistige Austausch zweier junger Männer, die nicht nach religiöser Abstammung fragten, ein revolutionärer Akt aufgeklärter Humanität, das gelebte Beispiel dessen, was in den gebildeten Berliner Zirkeln zwar zaghaft diskutiert, aber nicht gewagt wurde. Gemeinsam mit dem Verleger Friedrich Nicolai gaben sie die Zeitschrift *Briefe, die neueste Literatur betreffend* heraus, entwickelten eine Theorie zum bürgerlichen Trauerspiel und gleichzeitig eine Streitkultur, die wesentliches Merkmal dieser Freundschaft war: die Wahrheit suchen im Streit der Meinungen, die auch da ertragen werden mussten, wo sie unvereinbar blieben.

Die gedankliche Verbundenheit zwischen beiden hielt auch der räumlichen Trennung stand, als Lessing in Breslau, Hamburg, später in Wolfenbüttel lebte.

In der Figur des Nathan verewigte Lessing seinen Freund Moses Mendelssohn und die gemeinsame Vision von einem friedlichen und gleichberechtigten Zusammenleben der drei großen monotheistischen Religionen, darstellbar allerdings nur als eine märchenhafte Parabel.

Und Mendelssohn schrieb nach Lessings Tod an dessen Bruder: »Mit gerührtem Herzen danke ich der Vorsehung für die Wohltat, dass sie mich so früh, in der Blüte meiner Jugend, hat einen Mann kennen lassen, der meine Seele gebildet hat, den ich bei jeder Handlung, die ich vorhatte, bei jeder Zeile, die ich schreiben sollte, mir als Freund und Richter vorstellte, und den ich mir zu allen Zeiten noch als Freund und Richter vorstellen werde, so oft ich einen Schritt von Wichtigkeit zu tun habe.«

Warum diese so ungewöhnliche wie fruchtbare Freundschaft in der kulturellen deutschen Erinnerung von der Dichterfreundschaft zwischen Goethe und Schiller zu allen Zeiten nicht nur überschattet, sondern verdeckt wurde, lässt sich wohl nur zum Teil mit dem fortlebenden Antisemitismus und dem moralischen Schock, der auf die Judenvernichtung im Nationalsozialismus folgte, beantworten. Wahrscheinlich entsprachen die politische Polemik und streitbare Wahrheitssuche der Berliner Freunde auch weniger dem Ideal und Harmoniebedürfnis des Bildungsbürgertums und seiner Vorstellung von der reinen Kunst.

Nach 1945 erschwerte die Last der Schuld an den Juden die Würdigung eines Moses Mendelssohn, dessen großes Werk der jüdischen Aufklärung und Emanzipation die Katastrophe ja nicht verhindert, in den Augen mancher sogar befördert hatte.

Aber spätestens jetzt, da die Themen und Konflikte der europäischen Aufklärung unversehens in unsere Gesellschaft zurückgekehrt sind und wir fast 260 Jahre nach Lessings und Mendelssohns erster Begegnung in Berlin wieder mit einer Religion konfrontiert sind, der die große Errungenschaft der Aufklärung, die Trennung von Staat und Kirche, fremd ist, wäre es an der Zeit, in der Freundschaft der beiden nach dem Gleichnis zu suchen, das uns zu der Antwort verhilft, die wir brauchen.

Nun unterscheidet sich die gegenwärtige Lage der Muslime in Deutschland sowohl juristisch als auch gesellschaftlich grundsätzlich von der Situation der Juden im 18. Jahrhundert. Sie sind gleichberechtigte Staatsbürger oder, wenn sie keine deutschen Staatsbürger sind, doch ausgestattet mit allen bürgerlichen Rechten. Sie müssen sich Bildung nicht wie Mendelssohn als Autodidakten aneignen, alle Schulen und Universitäten stehen ihnen offen, vorausgesetzt sie selbst bringen die nötige Bildungsanstrengung auf. Vergleichbar ist die Situation aber insofern, als auch heute die Idee der Aufklärung kollidiert mit den weltlichen und politischen Ansprüchen einer Religion. Während das Christentum und das Judentum nach zähen Kämpfen den säkularen Gedanken und die Gültigkeit universaler Menschenrechte in ihre Heilslehre integriert haben, hat der Islam seit dem 12. Jahrhundert jeden Versuch einer philosophischen Auseinandersetzung mit seinen religiösen Schriften verhindert.

Zur gleichen Zeit wie der Jude Maimonides lebte in Córdoba der islamische Philosoph Averroes, der wie jener für eine aufgeklärte Lesart religiöser Texte und die Trennung von Offenbarung und Philosophie plädierte. Averroes wurde verbannt, seine Schriften verbrannt, die seitdem zwar, wie auch die Schriften des Maimonides europäische Philosophen wie Thomas von Aquin inspirierten, im islamischen Denken aber nie wieder belebt wurden. Es gab keinen Moses Mendelssohn des Islam.

Wie aber geht eine aufgeklärte säkulare Gesellschaft mit einer unaufgeklärten Religion um, deren radikaler Flügel zudem im Namen der Religion Krieg gegen die Welt führt, auch gegen die islamische, wo sie den eigenen radikalen Parolen und Machtinteressen nicht bedingungslos folgt?

Seit einiger Zeit steht die Aufklärung in der öffentlichen Debatte unter der Anklage des Fundamentalismus. Aber was sollte das heißen bei gesetzlich garantierter Religionsfreiheit? Ist vielleicht die Forderung nach Toleranz fundamentalistisch? Ist es fundamentalistisch, die Gleichheit der Geschlechter zu fordern oder zu verlangen, dass andere Religionen nicht diffamiert oder gar verfolgt werden? Verlangen wir zu viel, wenn wir von einer unaufgeklärten Religion, die in unsere Gesellschaft einzieht, erwarten, dass sie alle Gesetze, aber auch alle Werte achtet, die dieser Gesellschaft als schützenswert gelten?

Ich spreche hier nicht von den Muslimen schlechthin, schon gar nicht von allen Zuwanderern aus muslimischen Ländern. Ich spreche von den Muslimen, die offen und weniger offen die westlichen Werte diskreditieren, eben die Errungenschaften der Aufklärung wie die Religionsfreiheit, die Meinungs- und Pressefreiheit, die individuellen Rechte eines jeden Menschen und die Verantwortung für das eigene Leben.

Als Moses Mendelssohn die Erneuerung des Judentums in

Angriff nahm, hatte er nicht nur gegen den mächtigen preußischen Staat zu kämpfen, sondern auch gegen das starke orthodoxe Rabbinat, dessen Interesse auf die religiöse und soziale Abgrenzung des Judentums gerichtet war. Eine allgemeine Bildung und die Kenntnis der deutschen Sprache bargen die Gefahr der Annäherung aufbruchbereiter Juden an die deutsche Gesellschaft, was auch von jüdischer Seite nicht gewollt war.

Und hier zeigt sich wohl die deutlichste Parallele zu unserem Problem mit dem Islam und Teilen unserer muslimischen Bevölkerung. Im Verständnis des Islam gehört jeder Moslem zuerst der Umma, der weltweiten Glaubensgemeinschaft der Muslime an. Die Religionszugehörigkeit reglementiert alle anderen Beziehungen gläubiger Muslime, das Verhältnis zum Staat, zur Gesellschaft, zur Familie. Das Interesse der religiösen Führer und Funktionäre der islamischen Verbände ist also auf den Zusammenhalt der Umma gerichtet und da, wo sie in nicht muslimischer Umgebung lebt, auf Abgrenzung von der andersgläubigen oder atheistischen Welt. Ein sichtbares Zeichen der Abgrenzung ist das Kopftuch der Mädchen und Frauen, mangelnde Sprachkenntnis verhindert den Kontakt zur deutschen Gesellschaft, und eingeforderte Privilegien, die immer nur die religiöse Gemeinschaft, nicht das Individuum betreffen, zementieren die eigene Andersartigkeit, oft gepaart mit einem extremen Nationalismus des Herkunftslandes.

Unabhängig von den Schwierigkeiten, die ein Leben in einem anderen Land mit einer fremden Kultur, der Wechsel aus zurückgebliebenen ländlichen Regionen in moderne Großstädte ohnehin mit sich bringt, sind Muslime dem

Druck und der Indoktrination durch die eigene Community ausgesetzt. Wer die universalen Menschenrechte auch für Muslime, besonders für muslimische Frauen verlangt, wie Ayaan Hirsi Ali oder Necla Kelek, wer vom Islam den Verzicht auf seinen politischen Anspruch und den Rückzug auf seine Spiritualität fordert, wer also für die Aufklärung des Islam eintritt, wird von den Wächtern des Islam diffamiert, verleumdet und in den vom Islam beherrschten Ländern verfolgt, eingesperrt oder getötet.

Unterstützt werden sie dabei von den deutschen und europäischen Propagandisten der Toleranz gegenüber der Intoleranz und der Gleichwertigkeit aller Kulturen, die in der Aufklärung offenbar nichts anderes sehen als einen neuen religionsähnlichen Fundamentalismus oder eine moderne Form des Kolonialismus. Kritik am Islam gleich Islamophobie gleich Rassismus – das ist die Formel, mit der sie die lebensnotwendige Auseinandersetzung zu ersticken versuchen. Dabei ist das koloniale Gedankengut doch eher bei den Verteidigern kultureller Reservate zu finden als bei jenen, die gleiche Rechte für alle fordern. Oder wie soll man erklären, dass muslimische Mädchen im Kindesalter und gegen ihren Willen verheiratet werden dürfen, europäische natürlich nicht? Dass muslimische Frauen von ihren Männern geschlagen werden dürfen, europäische natürlich nicht? Dass Europäer das Recht auf freie Meinungsäußerung haben, die Menschen in islamischen Ländern natürlich nicht? Das alles auch im Namen des Islam. Es gibt nicht einen vernünftigen Grund, den unaufgeklärten Islam mit seinem Herrschaftsanspruch gegenüber dem Individuum und der Gesellschaft nicht zu kritisieren, sofern

Muslime von uns als gleichberechtigte Menschen angesehen werden. Nicht die als Hassprediger und heilige Krieger beschimpften Kritiker des Islam denken rassistisch, sondern jene, die der ethnischen und religiösen Herkunft mehr Bedeutung zumessen als den individuellen Menschenrechten, die, indem sie vorgeben, eine andere Kultur zu schützen, die Freiheitsrechte der in dieser Kultur gefangenen Menschen opfern.

Wir brauchen die Solidarität der Aufgeklärten. Unsere Antwort auf den Islam kann nicht die Rückbesinnung auf den christlichen Glauben sein, wie es die Kanzlerin empfohlen hat. Unsere Antwort finden wir bei den großen Aufklärern Lessing und Mendelssohn, bei Wilhelm von Humboldt und Rahel Varnhagen. Wir brauchen die Solidarität und Freundschaft aller, die für ein freiheitliches, säkulares Europa streiten, unabhängig von ihrer Herkunft und ihrem Glauben. Unser Beistand gilt denen, die um eine Freiheit kämpfen müssen, die zu den Selbstverständlichkeiten unseres Lebens gehört und die wir zu verteidigen haben.

2011

UNS GEHT ES GUT!

Ich stelle mir vor, ich wäre heute jung; die pubertäre Revolte noch im Leibe, aber doch schon erwachsen, und suchte tastend, lesend, surfend und stolpernd meinen Standort in der Welt. Die erste Empörung, die alle Menschen jenseits der Kindheit ergreifen muss, ist wohl die Erkenntnis oder das Gefühl, dass die Welt, in der sie nun ihr Leben verbringen sollen, durch und durch geregelt ist. Niemand hat sie gefragt, ob ihnen diese Regeln gefallen und ob sie sie überhaupt für sinnvoll halten. So oder so werden sie sich an die Regeln halten müssen, das haben sie gelernt, bei den Eltern, im Kindergarten, in der Schule.

Aber jetzt sind sie erwachsen, jetzt, denken sie, dürfen sie die Regeln überprüfen. Je nach Temperament und Erziehung werden sie sich fügen oder sich dem festgezurrten Regelwerk ohne großes Aufsehen so weit wie möglich entziehen. Oder sie finden die vorgefundene Ordnung unzumutbar, die Regeln idiotisch, sogar gefährlich, und bestehen auf dem Recht ihrer Generation, sie zu ändern. Ich gehörte zu denen, die das Vorgefundene idiotisch fanden, und das nicht nur, weil ich in einem autoritären Staat lebte, dessen Gesetze anzuerkennen den meisten schwerfiel. Ich konnte ganz grundsätzlich nicht verstehen, warum Vögel über alle Grenzen fliegen, Rehe, Wildschweine und Hasen über alle Grenzen laufen durften, die Menschen aber, auch an Grenzen ohne Selbstschussanlagen und Stacheldraht, dafür Visa und Ausweise brauchten, obwohl sie doch ebenso auf die Welt geworfene Geschöpfe waren wie die Tiere.

Ich verstand auch nicht, warum die Arbeit eines Akademikers höher geachtet war als die eines Arbeiters oder Bauern, auf die man im Ernstfall doch schwerer hätte verzichten können (das verstehe ich allerdings bis heute nicht). Mit anderen Worten: Ich habe für jugendliche Revolten viel Verständnis und Sympathie.

Natürlich musste ich wie fast alle Menschen über fünfzig, sofern sie in ihrer Jugend überhaupt Ideale und Überzeugungen hatten, erfahren, dass man zwar aus guten Gründen falsche Überzeugungen haben kann, dass aber alle Veränderungen Nebenwirkungen haben, die man vorher nicht bedacht hat, vielleicht auch nicht bedenken wollte. Darum wägt man mit zunehmendem Alter auch ab, was die der erwünschten Erneuerung folgenden Folgen sein könnten. Manchmal, wenn meine altersgleichen Freunde und ich – früher alle Marxisten, Maoisten, Kommunisten, Anarchisten, auf jeden Fall Linke – wieder einmal die Lage der Welt zu ordnen versuchen und dabei radikale Pläne zu ihrer Verbesserung angesichts der absehbaren Folgekosten einhellig verwerfen, lächeln wir uns ein bisschen verlegen und selbstverächtlich an, murmeln etwas von alterskonservativ und denken wehmütig an die Zeit, in der wir noch furchtlos waren und genau wussten, was zu tun war.

Selbst wir, ihre mentalen und politischen Vorfahren, sehen die Occupy-Aktivisten mit dem zwar wohlwollenden, aber überlegenen Lächeln derer, die jetzt schon zu wissen glauben, in welche Sackgassen ihre Demonstrationen sich verlaufen werden und welche Einsichten ihnen bevorstehen, wenn sie selbst bewerkstelligen sollen, was sie jetzt fordern. Nicht, dass wir ihre Empörung über die Macht der Finanzmärkte, die Ökonomisierung unseres Lebens, die angeblich unabwendbaren Grausamkeiten der Globalisierung nicht teilten, aber wir sind belehrt durch unsere Irrtümer und Niederlagen. Nicht einmal unsere Leidenschaft ist verbraucht, aber wir sind jetzt leidenschaftlich ratlos oder leidenschaftlich resigniert, manchmal sogar noch leidenschaftlich wütend.

So oder ähnlich standen sich die jungen und alten Generationen zwar seit jeher gegenüber, nur sind wir jetzt so viele, und wir werden so alt.

Wer durch die Straßen von Mexiko-Stadt, Buenos Aires oder Istanbul flaniert, wird die ungewohnten Farben, den Rhythmus, das Temperament begeistert oder irritiert bestaunen, bis ihm irgendwann aufgeht, dass nicht alles Ungewohnte der kulturellen Andersartigkeit zuzuschreiben ist, sondern einer Ansammlung von Jugend, die auf deutschen Straßen nur noch bei Demonstrationen gegen ACTA, auf Kirchentagen, in vornehmlich von Immigranten bewohnten Stadtteilen oder eben in Occupy-Camps zu finden ist.

Ich stelle mir also vor, ich wäre heute jung und würde in der Zeitung lesen, was meinen Wert für Staat und Gesellschaft ausmacht. Vor allem müsste ich die Renten für die vielen alten und immer älter werdenden Menschen verdienen. Ich sollte, weil ich eine Frau bin, mindestens zwei Kinder gebären, anschließend, um den staatlichen Aufwand für die Altenpflege zu verringern, meine Eltern und Schwiegereltern pflegen.

Wenn ich Glück hätte, wäre keiner von ihnen dement, obwohl mit so viel Glück nicht zu rechnen ist, wenn man die Prognosen für die Zunahme der Altersdemenz liest. Gleichzeitig müsste ich zur Kenntnis nehmen, dass ich den falschen Berufswunsch habe, weil ich nicht Ingenieurin oder Altenpflegerin werden will, dass an meiner Ausbildung, medizinischen Versorgung und meinen eigenen Rentenansprüchen gespart werden muss, damit ich am Ende rentabel gewesen sein werde.

Ich kann mir vorstellen, dass in mir angesichts der anwachsenden Rollatorenflotte auf den Straßen eine heimliche, mich selbst beschämende Wut aufkommen würde auf diese zunehmend dominierende, besitzstandsversessene, meine Lebenskraft fordernde Generation (wenn ich jung wäre, wüsste ich ja noch nicht, wie schnell es geht, dass man selbst dazugehört). Und ich würde mich fragen, wo zwischen all den Statistiken, in denen ich nur als positiver oder negativer Kostenfaktor vorkomme, eigentlich der Sinn meines einzigartigen, kostbaren Lebens stecken sollte, und was das Land, zu dem ich gehöre, zusammenhält außer dem alle Lebensbereiche bestimmenden Geld. Dann würde ich vielleicht ins Occupy-Camp ziehen oder es mit einem Kirchentag versuchen, in Attac eintreten oder Piratin werden, wer weiß.

Aber ich bin nicht jung, trete in keine Partei oder Kirche ein, frage mich aber auch, was uns – verschiedene Generationen, Männer und Frauen, Akademiker und Nichtakademiker, Arbeitnehmer und Arbeitgeber, Windradbetreiber und Landschaftsliebhaber, Fleischesser und Vegetarier –, was uns zusammenhält, was wir alle gemeinsam für unverzichtbar halten außer dem Geld.

In den vergangenen Monaten, als die Öffentlichkeit über das anrüchige Geschäftsgebaren des ehemaligen Bundespräsidenten diskutierte, ging es auch um Geld, genauer um die fehlende Distanz zu Geld und Geldgebern, um das moralische Verhalten zum Geld. In den Blogs der Online-Zeitungen ergoss sich im Schutz der Anonymität hämischer Volkszorn über den »Schnäppchenjäger«, und man konnte sich fragen, ob sich dahinter nicht der Ekel vor der eigenen Schnäppchenjägerei und den Geiz-ist-geil-Parolen verbarg und ein Verlangen, das Geld dem Anstand wieder unterzuordnen.

Anstand ist keine politische Kategorie. Anstand gehört in den Bereich des moralischen Empfindens. Moral aber ist wandelbar, im Privaten wie auch im Politischen. Was gestern noch als unmoralisch galt, kann heute als normal oder sogar moralisch angesehen werden, und umgekehrt. Uneheliche Kinder, Scheidungen, homosexuelle Partnerschaften sind, von der katholischen Kirche abgesehen, inzwischen normal. Ein Mitarbeiter der Stasi, der sich, solange die DDR existierte, als heldenhafter Kämpfer an der unsichtbaren Front gefühlt haben mag, war über Nacht ein moralisch Verfemter.

Trotzdem gibt es ein Gefühl für Gut und Böse, Recht und Unrecht, das dem Menschen angeboren oder genetisch überliefert ist und die meisten von uns als zuverlässiger Kompass durch ihr kleines, überschaubares Leben führt. Über die Verfehlungen von Christian Wulff, seine Halbwahrheiten und Schummeleien, die sich jeder in sein eigenes Leben übersetzen und entsprechend bewerten konnte, war sich die Öffentlichkeit einig. Das gehört sich nicht, das tut man nicht – das sind die von Großmüttern und Müttern überlieferten Sätze für solche Fälle.

Aber was ist, wenn wir uns über die großen, das private Leben sprengenden Begriffe einigen müssen, über unser Verständnis von Freiheit, Gerechtigkeit oder Gleichheit? Mit Joachim Gauck, dem von den meisten Deutschen gewünschten Nachfolger im Amt des Bundespräsidenten, ist das Freiheitspathos in die öffentliche Rede eingezogen und sofort auf Widerstand gestoßen. Pathos an sich weckt in Deutschland schnell Skepsis, jedenfalls wenn es sich nicht auf die Rettung von Breitflügelfledermäusen, Bäumen oder Bahnhöfen bezieht.

Das liegt, wie vieles im deutschen Selbstverständnis, in der nationalsozialistischen Vergangenheit und der daraus resultierenden Furcht vor der eigenen Verführbarkeit, was zwar ehrbar ist, aber dauerhaft zu kollektiven emotionalen Verklemmungen führt. Es sind die pathetischen Gesten und Sätze, die in Erinnerung bleiben; Martin Luther Kings »Ich habe einen Traum«, Kennedys »Ich bin ein Berliner«, Willy Brandts Kniefall in Warschau und der Satz »Jetzt wächst zusammen, was zusammengehört«.

Gaucks pathetisches Bekenntnis zur Freiheit entspringt seinem Erleben von Unfreiheit und der Erfahrung, dass die Freiheit »als Wirklichkeit nicht nur Glück, sondern auch Beschwernis« ist, dass Freiheit auch heißt, »die Verantwortung für die Freiheit unserer Entscheidungen zu leben«. Gaucks auf Immanuel Kant gründendes Verständnis von Freiheit fordert die Kritiker heraus, weil es sich nicht ausdrücklich an die soziale Gerechtigkeit bindet. (Die Polemik der SED-

Nachfahren, Gauck sei ein »Präsident der kalten Herzen«, verwundert nicht und kann vernachlässigt werden.) Oder noch heftiger: weil er der sozialen Gerechtigkeit nicht den Vorrang gibt. Wer von sozialer Gerechtigkeit spricht, meint meistens Geld. Geld, das falsch verteilt ist, von dem es da zu viel und hier zu wenig gibt, Geld, ohne das Freiheit angeblich nicht zu haben ist. Freiheit aber, sofern man sie nicht nur als die Freiheit zum Konsum versteht, gibt dem Menschen die Würde, über sein Leben zu entscheiden, auch Gerechtigkeit einzufordern, wo sie ihm vorenthalten wird.

»Freiheit wird nie geschenkt, immer nur gewonnen«, hat Heinrich Böll gesagt.

Was meinen wir überhaupt, wenn wir von sozialer Gerechtigkeit oder Ungerechtigkeit sprechen? Synonyme für soziale Ungerechtigkeit sind Hartz IV und Bankerboni. Niemand außer den Nutznießern bestreitet, dass Millionenboni für Manager bankrotter, von Steuergeldern geretteter Banken absurd, ungerecht und unmoralisch sind und dass viele Managergehälter das Maß sozialer Verträglichkeit übersteigen. Überhaupt ist sich die öffentliche Meinung schnell darüber einig, wer zu viel bekommt.

Aber schon an den Hartz-IV-Bezügen bricht das Einvernehmen. Wäre es nicht ein Gebot der Gerechtigkeit, die Menschen, die Jahrzehnte gearbeitet haben und nur, weil sie zu alt sind oder in einer hoffnungslosen Gegend wohnen, keine Arbeit mehr finden, aus der verbalen und materiellen, nur für die Bürokratie sinnvollen Gemeinschaft mit denen zu befreien, die noch nie gearbeitet haben? Wären 100 Euro mehr für Hartz-IV-Empfänger gerechter? Oder ungerechter im Vergleich zu den Arbeitenden? Ist es gerecht, wenn

Verkäuferinnen, Busfahrer und Krankenschwestern junge, kräftige Männer alimentieren, die in der Schule nicht lesen und schreiben gelernt haben und darum keine Arbeit finden? Und wären die so Alimentierten nicht glücklicher, wenn sie ihr Leben selbst bestreiten könnten?

Aber allein die Meinung, ein Teil der Verantwortung läge auch bei ihnen selbst, ruft schon wütenden Protest und den Vorwurf sozialer Kälte hervor.

Was ist das eigentlich für ein Menschenbild, das den Schwachen in seiner Schwäche bestärkt, statt ihn zur Stärke zu ermutigen, das ihn zum Mündel der eigenen Interessen und Ideologie macht, statt ihn über seine Verantwortung, zuerst die für sich selbst, aufzuklären und sie ihm auch abzuverlangen? Wer die Schule schwänzt, um sie dann irgendwann als nicht ausbildungsfähiger Abbrecher zu verlassen, ist dafür auch selbst verantwortlich, und ihm ist nicht geholfen, wenn man ihm seine unterprivilegierte Herkunft, die allgemeine Hartherzigkeit oder die mangelnde »Willkommenskultur« der Deutschen wie ein Almosen als Entschuldigung anbietet.

Der behauptete zwingende Zusammenhang von materieller Bedürftigkeit und geistiger Armut suggeriert den Betroffenen ihre Chancenlosigkeit, als hätten wir nicht ein kostenloses Bildungssystem, zahllose Hilfs- und Fördereinrichtungen, Leihbibliotheken und Sozialarbeiter. Und als wäre die Geschichte der deutschen Arbeiterbewegung nicht geprägt von einer ungeheuren Bildungsanstrengung unter ungleich schlechteren Bedingungen. Auch Gerechtigkeit wird nie geschenkt, sondern immer nur gewonnen.

Wir sind trotz aller Klagen über fehlende Gelder ein solidarisches Land, das die Hälfte der erbrachten Steuern für soziale Leistungen ausgibt.

Kürzlich hat mein Kollege Ingo Schulze in der *Süddeutschen Zeitung* einen verzweifelten Aufsatz über den Zustand unserer postdemokratischen, von einer deregulierten Finanzwirtschaft ausgeplünderten Gesellschaft, die Ökonomisierung aller Lebensbereiche, die Privatisierung der Gewinne und Vergesellschaftung der Verluste, den Ruin des Sozialstaats und andere Katastrophen veröffentlicht.

In vielem kann und will ich ihm gar nicht widersprechen. Nur ist mein Fazit ein anderes. Wir leben in einer Zeit unermesslicher Umbrüche, deren Folgen wir nur allmählich zu ahnen beginnen. Die Globalisierung der Wirtschaft, die unaufhaltsame Völkerwanderung in Richtung Europa und die sich ständig selbst überholenden Kommunikations- und Informationsströme verändern nicht nur das Wirtschaftsgefüge der Welt; auch unser Gerechtigkeitsbegriff, unser Verständnis von Wohlstand, Armut und Solidarität werden sich globalisieren. Arbeitsplätze und Kapital wandern von Europa nach Indien, China oder Südamerika ab. Der ärmere Teil der Welt wird reicher werden und wir vielleicht ein bisschen ärmer. Auch das ist ein Ergebnis des eigennützigen Strebens von Wirtschaft und Kapital nach Profit, und ich kann darin nicht nur Ungerechtigkeit erkennen. Dass sich die Industrialisierung in der armen Welt ähnlich brutal vollzieht wie im Europa des Manchesterkapitalismus, fällt auch in unsere Verantwortung. In der Gier des Kapitals spiegelt sich unsere eigene Gier als Nutznießer der billigen Löhne, der oft verheerenden Arbeitsbedingungen und Kinderarbeit.

Ich habe nicht viel von der Welt gesehen, aber genug, um zu wissen, dass wir, gemessen an den Zuständen außerhalb Westeuropas, immer noch in den zwar sehr unvollkommenen und gefährdeten, aber glücklichsten Verhältnissen leben, die die Menschheitsgeschichte zu bieten hat. Wenn wir in Deutschland von Armut sprechen, meinen wir nicht den Mangel an Nahrung, Kleidung, Wohnung, Zugang zu Bildung und medizinischer Versorgung. In Deutschland gilt als arm, wer weniger als 60 Prozent des Durchschnittseinkommens hat. Wir sollten, wenn wir von Armut sprechen, wenigstens bedenken, was Armut in der Welt wirklich bedeutet.

Als die Piraten-Partei, noch ein bisschen befremdlich und ungelenk, in das Berliner Parlament einzog, und als die Occupy-Aktivisten plötzlich die Weltbühne betraten, war ich ganz glücklich, weil ich schon befürchtete, die junge Generation würde sich zwar um das Klima, die schändliche Tierhaltung und Atomkraftwerke sorgen, aber nicht um die politische Beschaffenheit der Gesellschaft, in der sie leben wird. Ausgerechnet von dieser lebendigsten Gruppe unter den Jungen waren plötzlich heftige Attacken gegen den Beschwörer der Freiheit und Verantwortung Joachim Gauck zu lesen.

Alte Reden wurden nach verdächtigen oder nur unsympathischen Sätzen durchsucht, die verstümmelt getwittert und skandalisiert wurden, als enthielte die Diskussion über die Verfehlungen des abgetretenen Bundespräsidenten den Auftrag, den nächsten auch gleich zu demontieren. Dabei erschreckt die Maßlosigkeit der Kritiker, der Dogmatismus der Argumente, die Sprachzensur vor allem, für die das

Wort »fremd« schon verdächtig ist, als gehörte die Unterscheidung von Fremdem und Eigenem nicht zu unserer lebenswichtigen anthropologischen Grundausstattung.

Das Internet hat unsere Vorstellung von demokratischer Mitsprache, Transparenz und Offenheit in der Politik verändert. Fakten und Meinungen verbreiten sich über Facebook, Twitter und diverse Blogs mit der Macht und Geschwindigkeit von Flutwellen, dringen in die konventionellen Medien und beeinflussen den öffentlichen Diskurs. Dass die Internet-Community mit ihrer rigorosen Forderung nach Transparenz überwiegend aus der Anonymität agiert, trägt wohl zu mancher extremen Bedenkenlosigkeit und zum bisweilen denunziatorischen Eifer der Diskutanten bei.

Wir leben nicht in China oder Russland. Niemand riskiert Verfolgung oder gar seine Freiheit, wenn er öffentlich seine Meinung kundtut. Uns irritieren verschleierte Frauen, weil wir es gewohnt sind, unserem Gesprächspartner ins Gesicht zu sehen. Warum also wollen sich ausgerechnet die Transparenzverfechter nicht zu erkennen geben? Zur Freiheit gehört die Verantwortung, auch zur Freiheit der Rede.

Es ist außerdem paradox, wenn ein Instrument, das dem Einzelnen endlich die Möglichkeit bietet, sich aus dem unterirdischen Gemurmel zu lösen und seiner Stimme öffentliches Gehör zu verschaffen, wenn eben dieses Instrument benutzt wird, um wieder namenlos im Gemurmel unterzutauchen. In unserem traditionellen Umgang miteinander ist Anonymität nur in Ausnahmefällen akzeptiert. Mit anonymen Anrufen, Briefen oder Anzeigen assoziieren wir Feigheit, Hinterhalt und Denunziation.

Warum sollten die erprobten Regeln der zivilisierten Kommunikation nicht auch für das Internet gelten, jedenfalls für alle, die es ernst meinen mit der offenen, gleichberechtigten und fairen Auseinandersetzung?

Auf die Frage, was uns bei aller Verschiedenheit zusammenhält, ist eine Antwort schwer zu finden. Das Grundgesetz natürlich und die Menschenrechte, das ist die gesetzliche Grundlage. Im alltäglichen Miteinander sind das unsere Umgangsformen, die Achtung und Selbstachtung des Individuums, das Bild vom anderen und von uns selbst. Dazu gehören auch die oft geschmähten Sekundärtugenden wie Zuverlässigkeit, Unbestechlichkeit, Verantwortungsgefühl, Gemeinsinn, die aus den Gesetzen ein Lebensgefühl und sie ebenso zur Privatsache der Bürger machen.

Die jetzt jungen und nachfolgenden Generationen erben nicht nur Schulden, einen enthemmten Finanzmarkt, zu entsorgenden Atommüll, ungelöste demographische und Integrationsprobleme. Sie erben auch eine Gesellschaft, die sich mit Mut und großer Kraft ihrer alles überschattenden Vergangenheit gestellt hat, die gewaltige Aufgabe der deutschen Einheit nicht konfliktlos, aber bewältigt hat, die empfindlich reagiert, wenn die Freiheit von Einzelnen oder Gruppen gefährdet ist, in der jede Diskriminierung geächtet ist, die sich um ihre Schwachen und Kranken sorgt. Die Neigung, das nicht Gelungene, Unvollkommene, Kritikwürdige als das Ganze zu nehmen, verstellt oft den Blick auf das, was dieses Land auch liebenswert macht und was es zu verteidigen gilt.

Wir erwarten, dass Menschen, die als Fremde nach Deutschland kommen und hier erst ihren Platz finden müssen, unsere Art zu leben, unsere Werte achten. Aber wie soll das gelingen, wenn wir selbst nicht schätzen, was schätzenswert ist? Dazu gehört auch die Freiheit, alles zu tun, was wir zur Verbesserung dieser Gesellschaft für nötig erachten.

2012

ZEITUNGLESEN

Bin ich vielleicht verrückt geworden?

Es kommt immer öfter vor, dass mich beim morgendlichen Zeitunglesen das Gefühl überkommt, ich lebte in einem Irrenhaus, was so ja gar nicht mehr genannt werden darf, also: Mich überkommt das Gefühl, ich lebte in einem Behindertenhaus. Wahrscheinlich darf man es so auch schon nicht mehr nennen, weil das Wort behindert inzwischen benutzt wird wie früher die Wörter irre und blöde: »Bist du behindert oder was?«, sagt man jetzt, womit allein schon bewiesen wäre, dass es überhaupt keinen Sinn hat, Wörter zu verbieten, weil das an den Tatsachen nichts ändert.

Neulich rief mich eine Freundin aufgeregt an und sagte: »Die Sinti und Roma haben mir meine Handtasche geklaut.« Ich konnte mich vor Lachen kaum beruhigen, natürlich nicht, weil ihr die Handtasche gestohlen wurde, auch nicht, weil ich Antiziganistin wäre, sondern einfach nur, weil ich diesen Satz so absurd komisch fand. Aber als ich einige Tage später in der Zeitung las, dass an der Leipziger und Potsdamer Universität Männer jetzt auch Professorin, Direktorin oder Präsidentin heißen, als würde damit der Anteil der Frauen in diesen Ämtern erhöht, verging mir sogar das

Lachen, und mich überkam das schon erwähnte Gefühl mit der Behindertenanstalt. Wahrscheinlich denken viele, wenn nicht die meisten Irren (ich nenne sie trotzdem so), die Welt sei verrückt und sie selbst seien normal, und vielleicht geht es mir ebenso. Vielleicht bin ich verrückt und verstehe nur nicht, dass es sich nicht um einen Sprachfrevel handelt, sondern um einen überfälligen Akt der Gerechtigkeit gegenüber den Sinti, Roma und den Frauen, obwohl klar ist, dass der Satz »Die Sinti und Roma haben mir meine Handtasche geklaut« entweder den Sinti oder den Roma Unrecht tut, denn entweder haben die Sinti die Tasche geklaut oder die Roma. Und Männer unter eine weibliche Bezeichnung zu zwingen ändert auch nichts daran, dass es immer nur die von der männlichen Bezeichnung abgeleitete ist, immer nur das angehängte »in«, was uns dieses literaturuntaugliche Binnen-I beschert hat und die genuschelten »Liebe Bürgerinnen und Bürger«-Ansprachen aller Politiker.

Und warum konnten sich die Westdeutschen eigentlich kopfschüttelnd über die legendäre »geflügelte Jahresendfigur« amüsieren, in die DDR-Ideologen den Weihnachtsengel umgetauft hatten, wenn im Westen jetzt ernsthaft diskutiert wird, ob man, um der Gleichheit gleichgeschlechtlicher Paare willen, Vater und Mutter nicht durch Elter 1 und Elter 2 ersetzen sollte? Und das, obwohl jeden Tag in der Zeitung steht, dass Kinder ein Recht auf Vater und Mutter haben; allerdings geht es dann fast immer um die Kinder alleinerziehender Mütter.

Solcherart Gedanken mache ich mir, wenn ich morgens die Zeitung lese und dann nicht mehr weiß, ob ich verrückt bin oder die anderen.

Als wäre das nicht genug, kann ich fast jeden Tag in der Zeitung lesen, dass ich an einer gefährlichen, zudem ansteckenden, die Gesellschaft bedrohenden Krankheit leide, womit weder Aids noch Tbc oder dergleichen gemeint ist, sondern eine Angststörung, das heißt, ich habe übermäßige Angst vor etwas, wovor Menschen ohne meine Krankheit keine, auf jeden Fall weniger Angst haben. Eine Angststörung nennt man auch Phobie. Es gibt die Spinnenphobie, Klaustrophobie, Blutphobie, Canophobie und allerlei andere Phobien. In meinem Fall, steht in der Zeitung, soll es sich um die Islamophobie handeln.

Hätte ich es nicht wenigstens hundertmal schwarz auf weiß gelesen, wüsste ich wahrscheinlich heute noch nichts von meiner Krankheit. Weder überfällt mich ein Zittern, wenn ich an einer Moschee vorbeigehe, noch tritt mir der Angstschweiß auf die Stirn, wenn ich einer Frau mit Kopftuch begegne oder in einer Buchhandlung den Koran sehe und ihn sogar in die Hand nehme. Aber darauf kommt es wohl gar nicht an. Das ist eben das Gefährliche an der Krankheit: Man hat sie, ohne das Geringste zu bemerken. Darum halten es die Zeitungen auch für ihre Pflicht, Menschen wie mich darüber aufzuklären, dass sie, ohne es zu wissen, längst von dieser sich seuchenartig verbreitenden Krankheit infiziert sind. Wer wie ich an gar keinen Gott glaubt, ist besonders gefährdet, weil mir allein die Zumutung, ständig auf eine Religion Rücksicht zu nehmen, auf die Nerven geht, was den Gläubigen vielleicht beleidigen und ihn darum veranlassen könnte, von mir noch mehr Rücksicht zu fordern, was mir dann noch mehr auf die Nerven gehen würde, sodass ich dem Fordernden in

Zukunft lieber aus dem Weg ginge, was der wiederum als meine Angst vor ihm verstehen könnte, und schon gehörte ich zu den Phobikern, und wenn der Gläubige, dem ich aus dem Weg gehen möchte, ein Muslim ist, bin ich eben eine Islamophobikerin.

Seit einiger Zeit habe ich den Eindruck, unter den Christen, jedenfalls unter ihrer kirchlichen Obrigkeit, breite sich ein verhohlener Neid auf die gläubigen Muslime aus, deren hochgradige Kränkbarkeit in Glaubensdingen sich als sehr erfolgreich erwiesen hat. Es könnte ja sein, dass sich die Christen jetzt fragen, warum sie all das blasphemische Gerede, Geschreibe und Gesinge ertragen müssen, warum ihr Gott beleidigt werden darf und der andere nicht. Da nach 200 Jahren aufklärerischer Erziehung selbst den Christen Herrn Mosebachs Ruf nach wirksamen Blasphemiegesetzen offenbar zu verwegen vorkam, andererseits das Vorbild einer gehorsamen und leidenschaftlich für ihren Gott kämpfenden Glaubensgemeinschaft zu verlockend ist, versuchen sie nun, auf anderen Wegen unter den Schutzschirm für muslimische Empfindlichkeiten zu flüchten.

Schließlich hätten sie alle den gleichen Gott, ist zu hören (was ja möglich ist, aber voraussetzt, dass Allahs Prophet einige Mitteilungen seines Herrn missverstanden haben muss), und auch sie, die Christen, würden leiden unter mangelndem Respekt vor ihrem Glauben, was sie mit allen anderen Gläubigen eine und von Ungläubigen wie mir eben unterscheide. Ich kann mir sogar vorstellen, dass auch einige Menschen in Regierungsverantwortung manchmal bedauern, ständig mittels demoskopischer Umfragen herausfinden zu müssen, was ihre potenziellen Wähler gerade von ihnen wollen, statt ihnen, wie zum Beispiel Recep Tayyip Erdoğan, im Namen Gottes klipp und klar mitzuteilen, was sie zu wollen haben.

So jedenfalls versuche ich mir zu erklären, warum mich Zeitungen und Rundfunksender so auffallend oft mit religiösen Belehrungen traktieren, wobei ich mich dann allerdings frage, ob die Frömmigkeit unter den Journalisten und Schriftstellern in den letzten Jahren so zugenommen hat oder ob ihr gewachsenes Interesse an der Religion vielleicht andere Gründe hat. Der britische Literaturwissenschaftler John Carey schreibt in seinem Buch »Hass auf die Massen«, dass ein großer Teil der englischen Intellektuellen, unter ihnen Virginia Woolf, die Einführung der allgemeinen Schulpflicht ablehnten, weil sie den Einfluss der Unterschicht auf das Geistesleben und die Kunst fürchteten. Nach Careys These zog sich die Kunst, als die Unterschicht des Lesens und Schreibens kundig war und die ersten zaghaften und manchmal ungeschickten Schritte in die bis dahin verschlossene Geisteswelt der Oberschicht wagte, ins Unverständliche zurück. Wenn man bedenkt, dass inzwischen jeder Dussel via Internet seine Meinung in die Welt schreiben darf, könnte es ja sein, dass die neuerliche Hinwendung zum Religiösen unter einem Teil der Intellektuellen der Versuch ist, die verlorene Distanz wiederzugewinnen. Während das Volk scharenweise aus der Kirche austritt, entdecken sie, sozusagen als Alleinstellungsmerkmal, den Sinn des Glaubens wieder. Sollen die anderen die zahllosen Ratgeber zum Glück lesen, sie lesen die Bibel. Wer sich nicht nach Gott streckt, kann selbst nicht groß werden, diesen Satz habe ich so oder ähnlich gelesen oder gehört. Diesem sich nicht nach Gott streckenden Menschen, somit auch mir, fehle die Verbindung zur Transzendenz. Ich bin also nicht nur verrückt und krank, sondern leide auch noch an Transzendenzmangel, was wohl bedeuten soll, dass ich zu einer religionsfernen Unterschicht gehöre, während sich eine gläubige Oberschicht in die transzendente Unverständlichkeit zurückgezogen hat.

Ich habe schon überlegt, ob ich die Zeitung nicht ganz aufgeben und stattdessen lieber Bücher über die Blattschneiderameise, den Hirschkäfer oder den Gärtnervogel lesen sollte, um mich vom Unbegreiflichen unser aller, also auch des Gärtnervogels, Hirschkäfers und der Blattschneiderameise, Daseins durchschauern zu lassen, ohne an Gott oder etwas Ähnliches glauben zu müssen.

Außer den Gottgläubigen tummeln sich in der Zeitung nämlich noch allerlei andere Sektierer, die ihren Glauben zwar Wissen nennen und ihren Göttern auch Tarnnamen gegeben haben, aber ebenso wenig an ihnen rütteln lassen wie der Papst an Marias Jungfräulichkeit. Es scheint, als fänden sich viele Menschen, denen es nicht mehr gelingt, an diesen einzigen Gott zu glauben, im Leben nicht zurecht, wenn sie nicht an etwas Gottähnliches glauben können, oder wenigstens an eine Art Teufel, der die Gentechnik, den Klimawandel, für manche sogar das Internet, das Rauchen und das Fleischessen und überhaupt die ganze Ungleichheit über die Menschen gebracht hat. Ihre Heilige Schrift besteht aus Statistiken, und Statistiken kann man nun glauben oder nicht, zumal sie nicht selten nach oben oder unten korrigiert werden.

Aber wer wie ich, ehe er in diesen wichtigen Angelegenheiten ein Glaubensbekenntnis ablegt, darüber nachdenken oder sogar darüber diskutieren will, gerät in Verdacht, ein Leugner zu sein, und ein Leugner ist genauso schlimm wie ein Phobiker. Ich bin also verrückt, krank, leide an Transzendenzmangel und gehöre gelegentlich auch zu den Leugnern. Außerdem habe ich einen Hund, auch darüber steht viel Schreckliches in der Zeitung. Ich frage mich, warum sich die Zeitungen eigentlich wundern, dass immer weniger Leute sie lesen wollen.

2013

NA, BRUNO

Die Jury war der Meinung, mich für Verdienste um die deutsche Sprache ehren zu können, was mich natürlich freut, zumal meine Art, sich um die Sprache zu mühen, nicht unbedingt und immer als solche erkannt wird, was vielleicht von meinem naiven Bedürfnis, verstanden zu werden, herrührt oder von meiner Lust am jeweils kleinsten und geringsten Wort, sodass der eine oder die andere glauben mag, ich kennte die großen und reicheren Wörter gar nicht. Und so bin ich der Jury dankbar, weil sie meinen zurückhaltenden Umgang mit den Wörtern offensichtlich als lobenswerte Absicht erkannt hat und ihr nicht etwa Kunstlosigkeit unterstellt.

Das ermutigt mich, Ihnen heute von einer Erfahrung zu erzählen, die mich seit einiger Zeit, eigentlich seit fast drei Jahren, solange ich nämlich einen Hund habe, beschäftigt: von der Erfahrung einer nahezu sprachlosen Verständigung. Nicht dass Bruno, so heißt mein Hund, nicht einige Wörter verstünde, wie Hunde sie heute in der Hundeschule oder bei Privatlehrern lernen: Sitz, Platz, Halt und dergleichen, aber das erklärt nicht, warum er nachmittags erlaubt, dass ich mit der blauen Einkaufstasche über der Schulter die Wohnung verlasse, und abends, wenn ich mir die Tasche zur Tarnung überhänge, um heimlich ins Kino zu gehen, wild hinter mir herbellt und, kehrte ich nicht um, damit fortfahren würde, bis ich wiederkäme. Was habe ich getan, woran er den Betrug erkennen konnte? Ich habe mich extra nicht geschminkt, mich nicht mit Parfüm besprüht, ich habe mich nicht einmal vor dem Spiegel gekämmt, sondern unauffällig und nebenbei. Klingen meine Schritte anders, wenn ich ins Kino aufbreche und nicht zum Einkauf? Ist mir die Vorfreude anzuriechen? Was merkt Bruno? Denn er merkt etwas.

Als wir uns kennenlernten, Bruno und ich, war Bruno vermutlich drei Jahre alt, und irgendjemand hatte die Grundlagen hündischer Erziehung an ihm vollbracht, allerdings mit für Bruno lebensgefährlichen Lücken, z. B. dem mangelnden Respekt vor Autos, was nach einer Erklärung verlangte. Woher kam Bruno? Wochenlang mündeten fast alle familiären Gespräche, die auch enge Freunde nicht verschonten, in Mutmaßungen über Brunos Vorleben. Der Verdacht, er könnte russischer, polnischer oder sonstiger Herkunft sein, ließ sich schnell entkräften. Bruno reagierte weder auf Sadis! noch auf Siad! noch auf Sit down!, wohl aber auf Sitz. Er war also ein Deutscher. Er konnte nicht aus einer Stadt kommen, weil ihm, wie schon erwähnt, jeglicher Respekt vor Autos und Hauptverkehrsstraßen fehlte, er konnte aber auch nicht vom Lande stammen, da er, als er zum ersten Mal zweier Pferde ansichtig wurde, für wenigstens eine ganze Minute zur Statue erstarrte, um dann, nachdem er in seinem Hundehirn offenbar keine Erinnerung an ein ebensolches Abbild finden konnte, in rätselhafter Absicht die Koppel stürmte. Mittlerweile nehmen wir an, daß Bruno seine Kindheit in einer Vorstadt verbracht hat, wo er allein mit einer älteren Frau lebte, die nicht mehr gut zu Fuß war, sodass Bruno wenig Kontakt zur Welt, vor allem zu anderen Hunden hatte, die aber häufig Besucher empfangen haben muss, weil Bruno Menschenansammlungen liebt und auf die Ankündigung, es käme Besuch, sofort erwartungsvoll zur Wohnungstür läuft. Dass es eine alte Dame gewesen sein muss, glaubten wir, weil Bruno, sobald einer von uns sich aus dem Fenster lehnte, sich sofort drängelnd dazugesellte, als sei das für diese Art der Beschäftigung der ihm angestammte Platz. Als sicher kann auch gelten, dass er nicht in einer Wohnung, sondern in einem eigenen Haus gelebt hat, sonst hätte er schon am Anfang gewusst, dass er nicht alle fünf Stockwerke unseres Hauses, sondern nur unsere Wohnung zu bewachen hat. Warum die alte Dame, bei der Bruno allem Anschein nach eine schöne Kindheit verbracht hat, ihn dann allein gelassen hat, bleibt unklar. Entweder war sie in einen Unfall verwickelt, in dessen Folge der Hund verlorenging, denn es ist seltsam, dass Bruno die Autos nur so lange nicht fürchtet, wie er selbst nicht in einem sitzt, aber unruhig, sogar panisch reagiert, sobald unser Auto zum Beispiel auf der Autobahn von anderen Autos umringt ist, was mich zwingt, ständig alle vorgeschriebenen Geschwindigkeiten zu überschreiten, um unangefochten an der Spitze jedweder Kolonne zu fahren. Oder aber die alte Dame wurde ins Krankenhaus eingeliefert oder ist sogar gestorben, und Bruno wurde von ihren herzlosen Erben mit einem Auto irgendwo hingefahren und ausgesetzt, was erklären würde, warum er anfangs bei jeder Autofahrt kotzen musste. Bei dieser Variante sind wir bis heute geblieben, weil uns die Vorstellung, jemand könnte mit einem so liebenswürdigen und intelligenten Hund wie Bruno zuerst gelebt und ihn dann auf die Straße gesetzt haben, einfach zu abwegig vorkam.

Obwohl wir uns also große Mühe gegeben haben, Brunos soziale Vorgeschichte zu rekonstruieren und uns seine Eigenarten aus ihr zu erklären, gebührt, davon bin ich überzeugt, der größere Verdienst an unserer glücklichen Verständigung Bruno.

Manchmal, wenn ich Bruno etwas über die Beschwernisse des menschlichen Lebens erzähle, sieht er mir so beängstigend aufmerksam in die Augen, als warte er nur auf das Zeichen, das ihm die seltsamen Laute endlich entschlüsselt, und seine aufgeregt wedelnde Schwanzspitze signalisiert die beharrliche Bereitschaft, mich zu verstehen. Vielleicht gefällt ihm aber auch nur, dass ich überhaupt mit ihm spreche, und er wartet nur auf eines der Wörter, die er kennt, Hunger, fressen, runter, na los oder Ähnliches. Eine Tierärztin hat mir für mein Leben mit Bruno warnend auf den Weg gegeben, der Hund täte nichts für mich, sondern alles nur für sich. Aber was heißt das schon? Bei Georg Büchner steht der Satz: »Alle Menschen sind Epikureer; es gibt grobe und feine. Christus war der feinste.« Alle Genüsse, nach denen Bruno strebt, verwalte ich, das Futter, die Waldgänge, die Spiele. Alle Wege, die Genüsse zu erlangen, führen über mich, und wahrscheinlich stimmt es, dass Bruno mich nur darum so beängstigend aufmerksam beobachtet und nur darum gelernt hat, die geringsten Gesten und Nuancen meiner Stimme zu deuten. Zum Beispiel reißt das zarte Sirren und Klicken meines Laptops, wenn ich ihn auf die

Stand-by-Funktion einstelle, Bruno aus tiefem Schlaf auf seine vier Beine, wie auch jedes andere finale Geräusch, von dem Bruno sich etwas erhofft: das Schließen eines Buches oder das Auflegen des Telefons. Von irgendeinem Tag an sprang Bruno aber schon erwartungsvoll auf, wenn sich das Gespräch zwar dem Ende näherte, aber nicht beendet war, was ich mir zunächst nicht erklären konnte und darum fortan nicht nur Bruno, sondern auch mich beobachtete, bis ich herausfand, dass Brunos Stichwort »Na gut« hieß, ein besonderes, von oben nach unten, ein bisschen gedehnt und auf den Punkt gesprochenes »Na gut«, das ich, ohne mir dessen bewusst zu sein, offenbar immer dann sagte, wenn ich meinem Gesprächspartner ein Ende nahelegen wollte. Nachdem ich es wusste, fand ich es ziemlich unhöflich und bemühe mich nun um eine gesittetere Form des Abschieds, die nicht jeder Hund durchschauen kann. Aber wahrscheinlich ist es umgekehrt, und was ein Hund nicht durchschaut, bemerkt ein Mensch erst recht nicht. Kürzlich waren C. und ich zum Abendessen eingeladen, und als die Stunde fortgeschritten war, drückte ich zum Zeichen meiner Aufbruchsbereitschaft eine erst halbgerauchte Zigarette entschlossen aus, ohne dass C. meine Geste registriert hätte, und wäre Bruno, der unter dem Tisch schlief, nicht alarmiert aufgesprungen, hätte ich die halbe Zigarette wahrscheinlich umsonst geopfert.

Natürlich tut Bruno das für sich und nicht für mich. *Er* will gehen, darum muss er wollen, dass *ich* gehe, und wenn ich auch gerade gehen will, sind wir eine wunderbare Gemeinschaft.

Manchmal, sogar oft, beneide ich Bruno, obwohl ich mir

unser Leben in vertauschten Rollen natürlich nicht vorstellen kann. Ich möchte nicht, wie Bruno gerade jetzt, jede Regung meines Herrn oder meiner Herrin hoffnungsvoll belauern, weil die Zeit für den Waldspaziergang längst überschritten ist und ich nur nicht weiß, dass er heute wegen schneeglatter Straßen überhaupt ausfallen wird. Vor Fällen eines so komplexen Zusammenhangs von Ursache und Wirkung enden die Möglichkeiten nonverbaler Kommunikation, was den Vorteil hat, dass ich mit Bruno nicht darüber diskutieren muss, wie ich es vor dreißig Jahren mit meinem Kind hätte tun müssen, ob die Straßen wirklich zu glatt sind und warum die anderen Autos fahren und warum ich nicht rechtzeitig Winterreifen habe aufziehen lassen und so weiter.

Der Gedanke, die Voraussetzung des harmonischen Einvernehmens zwischen Bruno und mir sei Brunos absolute Abhängigkeit von mir, kann nicht zurückgewiesen werden, wenn er die Illusion von einer idealen Liebe auch stört, wenn nicht zerstört. Früher, als noch nicht jede zweite oder dritte Ehe geschieden wurde und das Verhältnis der Geschlechter noch nicht in die gegenwärtige konfuse Unordnung geraten war, als der Mann noch Familienernährer und Oberhaupt war, damals muss die Legende von der besonderen Intuition der Frau in die Welt gekommen sein, eine Art von Instinkt, mit dem die Frauen die Umwelt wahrnahmen und deuteten und dessen Ursprung die Männer sich nicht erklären konnten, so wie ich mir nicht erklären kann, woher Bruno weiß, wann ich die blaue Einkaufstasche wirklich brauche und wann sie mir nur zur Tarnung dient. Vermutlich liegt das Geheimnis in der geschärften Aufmerksamkeit der Abhängigen, die gelernt haben, aus jedem Vibrieren des Atems und jeder Falte des Gesichts die für ihr Leben wichtigen Informationen zu beziehen, nur dass die Menschen, die männlichen wie die weiblichen, darin lieber eine den Frauen vorbehaltene besondere Form selbstloser Liebe oder eine ihnen angeborene, unheimliche Begabung gesehen haben, statt sich, wie ich, mit der Wahrheit abzufinden, die eben heißt: Bruno tut nichts für mich, sondern alles nur für sich.

Es ist schwer zu sagen, worum ich Bruno eigentlich beneide. Es ist etwas Ernstes, das mich selbst infrage stellt, weil es die Abwesenheit dessen einschließt, worauf wir alle so stolz sind, die Sprache. Bei allem, was Bruno tut, habe ich das Gefühl, er könne nichts falsch machen, weil er tut, was er tun muss. Seine Art, sich verständlich zu machen, ist unmissverständlich. Er ist darauf angewiesen, verstanden zu werden. Seine Freude ist ungestüm, der Kummer herzzerreißend, die Angst panisch, jedes Gefühl wird ins Äußerste gesteigert, nichts wird verborgen, nichts Sichtbares wird dementiert durch Gehörtes. Ich muss lachen, wenn ich ihm zusehe; selbst wenn er traurig ist, muss ich lachen, weil der ganze Bruno von den Ohrspitzen bis zur Schwanzspitze sich in hemmungsloses Unglück, in eine Karikatur von Unglück verwandelt hat. Ich muss lachen, weil mich der Anblick von so viel bekennendem Unglück ganz glücklich macht; nicht weil dieses Unglück mir, die ich gerade das Haus verlassen will, gilt, sondern weil es ein Signal allernatürlichsten Ursprungs ist, das ich mit dem gleichen Sinnesorgan empfange, mit dem Bruno es aus seinem Hundekörper sendet. Gott wohnt in den Augen der Tiere; den Satz habe ich einmal geträumt oder irgendwo gelesen.

Im Sommer verbringen Bruno und ich mehrere Wochen auf dem Lande. Wenn mich jemand fragt, wie es so sei, ganz allein mit dem Hund in der Ödnis, sage ich: paradiesisch. »Doch das Paradies ist verriegelt und der Cherub hinter uns; wir müssen die Reise um die Welt machen und sehen, ob es vielleicht von hinten wieder offen ist«, sagt Heinrich von Kleist. Und so ist meine sprachlose Freundschaft zu Bruno vielleicht der Versuch, mich heimlich ans Paradies heranzuschleichen, um mich über die Unvollkommenheit meiner sprachlichen Bemühungen hinwegzutrösten.

2016

NEUES AUS DEM OSTEN

Nach der letzten Bundestagswahl mit den 13,2 Prozent Wählerstimmen für die AfD hallte mediale Empörung durch die Republik. Der Osten hatte die Wahl versaut, mehr als 20 Prozent hatten die AfD gewählt, im finsteren Sachsen hatte man ihr sogar zur Mehrheit verholfen. Nach 28 Jahren war also immer noch nicht zusammengewachsen, was angeblich zusammengehörte. Der Osten war demokratieunfähig, naziunterwandert, besonders die Männer, stand in den Zeitungen, ungebildet, arbeitslos, von den Ostfrauen verlassen, abgehängt eben.

Ich frage mich übrigens schon lange, warum die korrekten, genderbewussten Sprachverwalter, die bedenkenlos die deutsche Sprache massakrieren, um sie ihrer Vorstellung von der Welt anzupassen, warum diese Experten für sensible Sprache kein Gefühl haben für das Verächtliche und Gemeine, das dem Wort »abgehängt« innewohnt. Schließlich muss jeder illegale Einwanderer vor der Silbe »-ling« bewahrt werden, weil sie ihn als irgendetwas diskriminiert, das ich nicht verstehe, und darum als Geflüchteter oder Schutzsuchender bezeichnet werden. Die Abgehängten im

Osten also haben, wenn auch überwiegend aus Protest, die AfD gewählt und damit bewiesen, dass die Grenze immer noch verläuft, wo sie einmal stand, obwohl zwei Drittel der AfD-Stimmen aus dem Westen kamen, wo vier Fünftel aller Deutschen leben, von denen durchschnittlich auch 10 Prozent die AfD gewählt haben, aber eben nicht 20.

Der Hass, der sich tagelang über die Ostdeutschen, insbesondere die Sachsen ergoss, fiele nach den sonst üblichen Maßstäben eigentlich unter den Tatbestand des Rassismus. Jutta Ditfurth erklärte, es sei ein Fehler gewesen, Dresden wiederaufzubauen. *SPIEGEL*-Autor Hasnain Kazim twitterte: »Höre, ich solle Ostdeutsche ernst nehmen. Ihr kamt 1990 mit dem Trabi angeknattert und wählt heute AfD – wie soll ich euch ernst nehmen?« Ansgar Mayer, Kommunikationsdirektor des Erzbistums Köln, schrieb: »Tschechien, wie wär's: Wir nehmen euren Atommüll, ihr nehmt Sachsen?« Die Beispiele ließen sich fortführen.

Nun ist die Frage, warum doppelt so viele Ostdeutsche eine nationalkonservative, an ihrem rechten Rand zum Extremismus neigende Partei wählen, ja berechtigt. Aber warum geben ausgerechnet Leute, die sonst so vehement für Vielfalt, sogar für Toleranz gegenüber mittelalterlichen religiösen Sitten und gegen Diskriminierung und Hass streiten, sich so wenig Mühe, eine Antwort zu finden, die mehr wäre als die mittlerweile inhaltslose Parole »Kampf gegen rechts«?

Vielleicht muss man zurückblicken auf die ersten Jahre unserer neuen deutschen Einheit, in denen sich das westdeutsche Bild vom Ostdeutschen geformt hat. Damals entstand das Bild vom Jammer-Ossi, flankiert vom Ostdeutschen in seiner hässlichsten Gestalt, dem kahlköpfigen Neonazi. Wenn über die Ostdeutschen gesprochen oder geschrieben wurde, dann meistens über die 30 Prozent PDS-Wähler, nicht über die sonnabendlichen Autoschlangen auf allen Autobahnen von Ost nach West, wenn die Pendler zu ihren Arbeitsplätzen nach Bayern und Baden-Württemberg aufbrachen, nicht über die waghalsigen Neugründer oder die Akademikerinnen, die erst mal bei der Post die Päckchen sortierten. Statt sich mit jener Hälfte der Ostdeutschen zu verbünden, der die gewonnene Freiheit das Opfer wert war, das sie kostete, buhlte man um die hartleibigsten Anhänger und Nutznießer der Diktatur, spreizten sich Egon Krenz, Hermann Kant und Gregor Gysi in den Talkshows und forderten ihr demokratisch garantiertes Rederecht ein. Während Erich Mielke nicht für die Verbrechen als Minister für Staatssicherheit belangt werden konnte, sondern nur für einen 60 Jahre zuvor begangenen Polizistenmord, jagte man den kleinsten und erbärmlichsten Stasispitzel, der das Bild vom Ostdeutschen komplettierte: Jammer-Ossi, Neonazi, Stasispitzel.

Im Rest sah man Opfer: Opfer der Treuhand, Opfer von Kohl, Opfer der eigenen Leichtgläubigkeit. Die Westdeutschen kamen in den Osten als Politiker, Professoren, Spekulanten, Richter, Investoren, in jedem Fall als Erwachsene. In den Ostdeutschen sahen sie Menschen, denen man helfen musste oder die man übers Ohr hauen konnte, die man belehren oder bekehren oder bestrafen musste, auf jeden Fall Unterlegene. Das war der Humus, auf dem etwas wuchs, das es vorher nicht gegeben hatte: die DDR-Identität und mit ihr die DDR-Nostalgie, die lächerlich und peinlich war, aber der erste lebendige Reflex auf die Karikatur, die der Westen vom Osten gezeichnet hatte.

Inzwischen ist mehr als ein Vierteljahrhundert vergangen. Es sind noch einmal drei Millionen Ostdeutsche gen Westen gezogen, wo sie, wenn nicht ihr Dialekt sie verrät, womöglich gar nicht als solche auffallen, was nebenbei zur Frage führt, was der über Facharbeitermangel klagende Westen ohne die gut ausgebildeten Ostdeutschen gemacht hätte. Es gab in den vergangenen Jahren viele empörende Äußerungen über den Osten, zu den absurdesten gehört die Gleichsetzung der Flüchtlinge mit den Ostdeutschen, die auch in die Bundesrepublik irgendwie eingewandert seien. Als hätten nicht die Ostdeutschen 40 Jahre lang die Strafe für die gemeinsame deutsche Geschichte abgesessen, als sprächen sie nicht die gleiche Sprache und hätten nicht die gleichen Märchen gelesen, als hätten sie nicht ihr ganzes Land, ihre Häuser, Wohnungen und Berufe mitgebracht.

Hier spätestens muss von den westdeutschen Linken gesprochen werden, den leidenschaftlichsten Gegnern der deutschen Einheit. Oskar Lafontaine war sie zu teuer, andere malten das Gespenst von »Großdeutschland« an die Wand, jeder Zweite erklärte mir damals, mit jedem Italiener oder Franzosen verbinde ihn mehr als mit diesen Ostdeutschen, was ich zuweilen sogar verstehen konnte, weil ich selbst ja gerade noch froh gewesen war, dieses miefige Land hinter mir gelassen zu haben. Und nun war sie plötzlich wieder da, die unelegante, kleinbürgerlich-proletarische Alltagswelt der DDR. Wenn die Behauptung von der Diktatur des Proletariats mehr war als ein verlogener Trost für die eingemauerte Arbeiter- und Bauernklasse, dann nur in

Bezug auf den herrschenden Geschmack, die rudimentären Umgangsformen und die Verachtung der Intellektualität.

Das Bildungsbürgertum und damit seine geschmacksbildende Funktion war zum großen Teil vor dem Mauerbau abgewandert. Auf den proletarisch geprägten Rest traf die westdeutsche polyglotte bürgerliche Elite, die immerhin genügend Anstand besaß, diesen zurückgelassenen Teil Deutschlands als Aufgabe zu begreifen. Die Linke, deren nicht geringer Teil zuvor in der DDR noch das bessere Deutschland erkannt hatte, gönnte den 17 Millionen die gewonnene Freiheit, schlug die Verwandtschaft mit diesen einheitsbesoffenen, westmarksüchtigen und fremdenfeindlichen Kleinbürgern aber aus. Vielleicht erinnerten die sie an die eigene, überwundene Vergangenheit, an die fünfziger und sechziger Jahre, als die eigenen Eltern die Italiener noch Spaghettifresser und alle Türken Ali genannt haben.

Vielleicht dachten sie auch daran, wie sie, ehe sie ihren Marsch durch die Institutionen antraten, als junge Marxisten, Maoisten oder Trotzkisten morgens vor den Werktoren ihre Flugblätter an die revolutionsunwilligen Arbeiter verteilt und bestenfalls ein abfälliges Lächeln geerntet haben. 1990 hatten sie den Marsch durch die Institutionen hinter sich. Sie waren Professoren, Lehrer, Minister, Journalisten, Lektoren, Intendanten, sie hatten eine ganze Generation in ihrem Sinne erzogen. In den unerzogenen Ostdeutschen mögen sie ihr altes Feindbild wiedererkannt haben, die feige, vom Nationalsozialismus entwürdigte Elterngeneration, auferstanden in den ebenso feigen, von der sozialistischen Diktatur entwürdigten Ostdeutschen. So ließe sich die immer wieder aufflammende, von keiner Selbstkritik gebändigte Verachtung erklären, die sich in den Medien über »den Ostdeutschen« ergießt, sobald im Osten etwas geschieht, was sich der meinungsführende Westen nicht erklären kann.

Im Herbst 2014, als die Flüchtlingskrise sich schon andeutete und die AfD ein Jahr alt war, begannen in Dresden die Pegida-Demonstrationen gegen die Islamisierung Europas. Ehe überhaupt klar war, wer wogegen jeden Montag auf die Straße ging, woher der Unmut und die Wut kamen, die sich in den Parolen »Lügenpresse! Lügenpresse« und »Wir sind das Volk« entluden, war sich die mediale Öffentlichkeit einig, dass es sich nur um einen Abschaum aus Rassisten, Fremdenfeinden, wahrscheinlich Nazis handeln konnte. Ich bin dann einmal nach Dresden gefahren. Eine sympathische Veranstaltung war es nicht, auch weil grölende Menschenmassen nie sympathisch sind. Es war aber auch keine Naziversammlung, eher der Querschnitt durch die nicht akademische Bevölkerung, die im Schutz der Masse ihren Protest behauptete, wozu der Einzelne vielleicht den Mut nicht fand.

Die Ostdeutschen hatten bis 1989 mit der Demokratie eine einzige Erfahrung gemacht: Man konnte eine Regierung verjagen, indem man auf die Straße ging. Sie waren ungeübt in der öffentlichen Rede, hatten keine Erfahrung in dem, was man im Westen demokratische Basisarbeit nennt. Aber sie waren 1989 auf die Straße gegangen, riefen »Wir sind das Volk«, und die Geschichte gab ihnen recht. Die Ignoranz gegenüber der Stimmung, die sich in der Pegida-Bewegung laut und auch grob Luft verschaffte, die arrogante Diffamierung, mit der die Unzufriedenheit zurückgewiesen wurde, trieb der Pegida die Anhänger zu und trug zur Radikalisierung bei.

Die Ostdeutschen waren froh, von der peinlichen Bezeichnung »DDR-Bürger« erlöst und endlich einfach Deutsche in Deutschland zu sein. Auch das unterschied sie von den westdeutschen Linken, die eher Sympathie für Sprüche wie »Deutschland verrecke!« oder »Nie wieder Deutschland« aufbrachten als für deutsche Heimatliebe; die offenbar eine größere Nähe zu Hunderttausenden von einer frauenverachtenden, antisemitischen Religion geprägten jungen Männern empfanden als zu ihren ungehobelten, atheistischen Landsleuten, die durch diese anschwellende und fordernde Religion bedroht sahen, was sie gerade gewonnen hatten.

Dann kam der Sommer 2015, und Deutschland wurde vom Willkommenswahn befallen. In jenem Jahr saß ich an einem Spätsommerabend mit Freunden unter dem vorpommerschen Himmel und gestand, dass ich zum ersten Mal seit dem Mauerfall von einem Gefühl heimgesucht wurde, wie ich es nur aus meinem Leben in der DDR in Erinnerung hatte: eine wütende Ohnmacht gegenüber einer diktatorischen Meinungsmacht, die jedem Widerspruch die Feindschaft erklärte. Mit dem Gefühl war ich an diesem Abend und auch später nicht allein. Den Ostdeutschen mag es an demokratischer Erfahrung mangeln, an Erfahrung mit einer Diktatur aber nicht.

Sie sind empfindlich, wenn ihnen wieder Sprachregelungen vorgeschrieben werden, wenn Meinungen nicht verboten sind, aber als unaussprechlich gelten, wenn man sich wieder vorsichtig des anderen vergewissert, ehe man offen spricht. Wenn sie lesen, dass einer zugelassenen Partei die Versammlungsräume verweigert werden, ihren Funktionären die Autos abgefackelt und sie selbst zusammengeschlagen werden, schrillen die angerosteten Alarmglocken. Und wenn sie sehen, dass die Parteien einander zum Verwechseln ähnlich werden, die Opposition im Bundestag als Verstärker der regierenden Mehrheit dient, wenn die Abgeordneten wie in der Volkskammer die Arme heben statt zu debattieren, dann fällt ihnen das Wort Einheitspartei wieder ein. Ich weiß nicht, wie oft ich in den letzten zwei Jahren gestöhnt habe: Mein Gott, hier geht's ja zu wie im Osten.

Die letzte Wahl war eine Zumutung für jeden, der nicht noch einmal vier Merkel-Jahre erleben wollte, denn egal welche Partei man wählte, am Ende würde man Merkel gewählt haben. Merkel aber stand für eine kastrierte CDU, die in den wichtigsten Themen – Einwanderung, Energie, Euro – dem links-grünen Mainstream keinen Widerstand bot, sondern sich in Gestalt ihrer Vorsitzenden an dessen Spitze gestellt hatte. Wer gegen diese von den Parteien verschuldete Alternativlosigkeit protestieren wollte und sich von den extremistischen Parolen mancher ihrer Mitglieder nicht abschrecken ließ, wählte die AfD, die einzige Partei, mit der die CDU nicht koalieren würde. Der Protest galt der unkontrollierten Immigration, dem rücksichtslosen Windradausbau, der Verödung ländlicher Gegenden, vor allem aber der Ignoranz und Verachtung gegenüber denen, die man »die Abgehängten« nennt, die nur zu blöd sind, um die Folgen der Globalisierung zu verstehen, deren Nutznießer sie nicht sind, weil sie die Sesshaften sind, gebunden an ihre Berufe und Familien, von denen aber alle, auch die polyglotten Eliten leben, von den Handwerkern, Krankenschwestern, Verkäuferinnen, Eisenbahnern, Landwirten.

Dass im Osten doppelt so viele Menschen die AfD gewählt haben, liegt auch an der proletarischen Vergangenheit und einem alten Misstrauen gegenüber ideologischer Bevormundung. Vielleicht sind die Ostdeutschen allmählich abgestumpft gegen den Vorwurf des Rechtsradikalismus und der Fremdenfeindlichkeit, weil ganz Sachsen oder sogar der ganze Osten in Haftung genommen wird, sobald wirkliche Neonazis ein Flüchtlingsheim angezündet oder pöbelnde Mengen die Kanzlerin niedergebrüllt haben.

Selbst Angela Merkels diktatorischer, rhinozeroshäutiger Regierungsstil wird ihrer DDR-Herkunft zugeschrieben, als hätte die CDU sie nicht über ein Jahrzehnt wie eine Monstranz vor sich hergetragen. Sind deren Mitglieder alle aus dem Osten? Was ist mit den Bayern und den grünschwarz regierten Baden-Württembergern, die trotz ihres Wohlstands mit über 12 Prozent AfD gewählt haben? Was mit den Millionen Überläufern von CDU, SPD und Linken zur AfD? Alles Nazis, alles Fremdenfeinde?

Wer die Ursachen für die versaute Wahl nur im Osten sucht, wird die richtige Antwort nicht finden; und auf Jamaika, so ist zu befürchten, auch nicht.

2017

LINKS BIN ICH SCHON LANGE NICHT MEHR

Es ist Sommer, heute aber ein kühler Tag, geeignet zum Nachdenken und eine frühe Mahnung an den Herbst. Im Herbst müssen, sollen, dürfen wir wählen. Früher, als ich noch in der DDR lebte, waren freie Wahlen etwas so verheißungsvolles wie Reisefreiheit und offene Grenzen, woran man schon erkennen kann, wie wandelbar Begriffe sind. Wer denkt bei »offenen Grenzen« noch zuerst an den Fall der Berliner Mauer? Jetzt haben wir, habe ich, die freie Wahl, und trotzdem sind Wahlen für mich seit Jahren eine Zumutung. Meistens habe ich die FDP gewählt, weil ich glaubte, damit den geringsten Schaden anzurichten. Wahrscheinlich werde ich wieder die FDP wählen, diesmal sogar mit der kleinen Hoffnung, nicht nur den geringsten Schaden anzurichten, sondern das größte Übel zu verhindern: eine schwarz-grüne Koalition, die unvermeidbare Angela Merkel, flankiert von Katrin Göring-Eckardt; das wäre der größte anzunehmende Wahlunfall, jedenfalls für mich. Als ich 1988 aus dem Osten in den Westen zog, habe ich die Grünen noch für meine natürlichen Verbündeten gehalten. Über diesen Irrtum haben mich die Grünen selbst binnen kürzester Zeit aufgeklärt. Heute gehören sie ganz entschieden zu meinen politischen Gegnern.

Eigentlich möchte ich auf gar keinen Fall noch einmal vier Merkel-Jahre erleben. Vermutlich teile ich diesen Wunsch mit vielen meiner Mitbürger, nur so lässt sich der raketenhafte Aufstieg von Martin Schulz verstehen, der ebenso raketenhaft, nämlich wie eine abgebrannte Silvesterrakete, endete, als klar wurde, dass es unter einem SPD-Kanzler nur noch schlimmer werden kann. Denn wer soziale Gerechtigkeit fordert, ohne zu erklären, wie die illegale Einwanderung gestoppt werden kann und die illegal Eingewanderten zur Auswanderung bewogen werden können, bleibt die entscheidenden Antworten schuldig und nährt den Verdacht, dass er nicht einmal die Fragen zur Kenntnis nimmt.

Also doch wieder Merkel. Aber warum soll ich überhaupt wählen, wenn ich das einzig mögliche Ergebnis nicht gewählt haben will? Was ist das für eine Wahl, in der außer einem klitzekleinen Koalitionspartner nichts zur Wahl steht? In dieser bevorstehenden Wahl kulminiert das Verhängnis der letzten Legislaturperioden, zuerst die CDU im Bündnis mit einer entgleisten FDP, auf das die große Koalition folgte und ein Parlament ohne Opposition und Rückgrat hervorbrachte. Es war sogar noch schlimmer: Wenn die eigene Partei der Kanzlerin die Gefolgschaft zu verweigern drohte, sprang ihr die linke und grüne Opposition hilfreich bei. Nach zwölf Jahren Merkel-Herrschaft sehe ich in der politischen Figur Merkel einen Vampir, der jeder Partei und am Ende dem Parlamentarismus das Blut aussaugt und damit die eigene Unsterblichkeit nährt. Anders ist nicht zu erklären, dass die Kanzlerin ihre irrwitzigen, allseits bekannten Fehler wie die überstürzte Energiewende, die verpatzte Euro-Rettung, die sperrangelweit geöffneten Grenzen unversehrt überstanden und zudem die Welt noch von ihrer Unersetzlichkeit überzeugt hat.

Wenn ich also wähle, werde auch ich wieder Merkel gewählt haben und damit eine Politik, die ich für unheilvoll halte. Denn eigentlich gehöre ich zu denen, die neuerdings als rechts bezeichnet werden. So steht es jedenfalls in den Zeitungen. Wer so denkt wie ich, ist rechts, behaupten sie. Nie hätte ich für möglich gehalten, dass ich eines Tages rechts sein könnte. In meiner Jugend war ich links. So hatte man mich erzogen, und außerdem waren fast alle, die ich kannte, irgendwie links, schon wegen der deutschen Geschichte, wegen Sartre, Böll, Brecht, Heiner Müller. Sogar Wolf Biermann war links. Links bin ich schon lange nicht mehr. Ich dachte immer, ich sei liberal, aber im Fernsehen und in der Zeitung sagen sie, ich sei rechts. Und nun zermartere ich mir den Kopf, wie das passieren konnte. Ich bilde mir ein, ähnlich vernünftig zu sein wie früher, als ich nicht mehr links, aber noch nicht rechts war. Welche Achse hat sich gedreht, dass ich mich auf einer anderen Seite wiederfinde, ohne die Seite gewechselt zu haben? Doch die in meinem Kopf? Oder hat jemand am Meinungskompass gedreht, sodass Osten, Westen, Norden und Süden, also rechts, links, liberal und ahnungslos, völlig durcheinandergeraten sind?

Wenn ich mir für Deutschland etwas wünschen dürfte …

Nehmen wir zum Beispiel den Vorwurf der Islamophobie, die unbedingt zum Rechtssein gehört. Ich habe also eine krankhafte Angst vor dem Islam, sagen die Zeitungen und das Fernsehen. Die Wahrheit ist, dass ich vor dem Islam wirklich Angst habe. Aber warum ist das krankhaft und nicht vernünftig? Die gleichen Zeitungen, die mir meine verachtenswerte Gesinnung attestieren, berichten täglich von blutrünstigen Verbrechen, die im Namen dieser Religion begangen werden, wobei sie natürlich betonen, dass das nicht an der Religion, sondern nur an deren Missbrauch liegt. Missbraucht wurde in der Menschengeschichte fast alles. Während für meine Kritiker der Missbrauch des Nationalen aber nur den Schluss zulässt, dass man den Nationalstaat abschaffen müsse, bleibt der missbrauchte Islam ganz ungeschoren.

Die meisten Muslime sind friedlich, heißt es. Das stimmt. Und trotzdem frage ich mich seit einiger Zeit bei jeder Frau, die mir kopftuchbewehrt entgegenkommt: Was willst du mir damit sagen? Dass du anders bist als ich? Dass du besser bist als ich? Dass meine Enkeltochter eines Tages auch so rumlaufen wird? Das habe ich mich vor fünfzehn oder zwanzig Jahren, als die Kopftücher eher selten waren, noch nicht gefragt. Dass die meisten Muslime friedlich sind, ist keine Garantie für ihre freiheitliche oder gar säkulare Gesinnung. Das beweisen Studien, Wahlergebnisse und fanatische Demonstrationen bei Auftritten von Erdoğan in Deutschland. Ja, ich habe Angst vor dem reaktionären, frauenfeindlichen, nach weltlicher Macht strebenden und in unseren Alltag drängenden Islam. Aber warum ist das krank? Und warum ist das rechts? Warum bin ich rechts, wenn ich nicht glaube, dass die eineinhalb oder zwei Millionen (so genau weiß es ja keiner) jungen Männer, die in den letzten drei Jahren eingewandert sind, die herbeigesehnten Facharbeiter werden und Deutschlands demographisches Problem lösen, zumal Männer unter demographischem Aspekt vollkommen ohne Belang sind?

Oder nehmen wir die AfD. Ich sehe in ihr die logische Folge eines Parlaments ohne Opposition und einer sturen, als alternativlos propagierten Politik, deren Konsequenzen unabsehbar sind. Von Beginn an wurde diese Partei bekämpft, als sei sie der Gottseibeiuns, auch als es die aus heutiger Sicht »gute AfD«, die professorale Lucke-AfD, war. Warum ist es links, wenn einer Partei, die demokratisch legitimiert in dreizehn Landtagen und demnächst wahrscheinlich im Bundestag sitzt, Tagungsräume verweigert werden, wenn die Arbeitsplätze ihrer Mitglieder gefährdet sind, ihre Wohnhäuser angegriffen, ihre Autos abgefackelt und sie selbst zusammengeschlagen werden? Und warum bin ich rechts, wenn ich das undemokratisch, dumm und brutal finde?

Wenn das alles rechts sein soll und gleichzeitig ein hysterischer Kampf gegen rechts geführt wird, wenn darum Meinung und Sprache zensiert, öffentliche Veranstaltungen und Diskussionen gewaltsam verhindert werden und wenn diese Kämpfer gegen rechts sich selbst als links bezeichnen, dann hat wirklich jemand am Meinungskompass gedreht, und nicht ich habe die Seiten gewechselt.

Ich würde gern Sebastian Kurz wählen, was leider nicht möglich ist. Wenn ich mir für Deutschland etwas wünschen dürfte, dann würde ich Boris Palmer bitten, die Grünen endlich zu verlassen, eine eigene Bewegung zu gründen und seine Talente den achtzig Millionen Deutschen statt den nicht einmal hunderttausend Tübingern zu widmen.

Er ist nicht so jung wie Emmanuel Macron und Sebastian Kurz, aber jung genug. Vor allem hat er seinen Verstand behalten, ist offenbar furchtlos und ein Kämpfer. Und von den deutschen Wählern würde ich hoffen, dass sie dann ihre Verzagtheit und ihr Misstrauen in den Wind schlagen und etwas Neues, Unbekanntes wagen.

Aber es ist ja schon Sommer und bis zum Herbst wenig Zeit, zu wenig für so viel Wagemut, und so bleibt es wohl noch einmal bei der Zumutung.

2017

DAS LEBEN ALS WERK

Wer über einen Politiker ein Porträt schreiben will, kommt ohne Dichtung nicht aus. Amtierende Politiker können, ja dürfen nichts erkennen lassen, was dem öffentlichen Bild von ihnen und ihrer politischen Absicht widersprechen oder es auch nur in Zweifel ziehen könnte. Sie haben, was sie zu sagen haben, auch schon so oft sagen müssen, dass ihnen die Sätze angewachsen sind wie eine zweite Haut.

Außerdem hat Sahra Wagenknecht in ihren Büchern und Interviews ausführlich Auskunft gegeben über ihr Gewordensein und ihre Sicht auf die Welt. Also bleibt jemandem, in diesem Fall mir, der über sie schreiben will, nur die Hoffnung auf die kleinen Augenblicke, ein unerwartetes Lächeln, ein irritierter Blick, ein weicher Ton, um die eigene Phantasie zu beflügeln und Informationen in eine Geschichte zu verwandeln.

Wir treffen uns im Café »Einstein« Unter den Linden, wo ich aufs herzlichste begrüßt werde, als ich sage, ich sei hier mit Frau Wagenknecht verabredet. Sie kommt etwas zu spät, eilig, sie sieht genauso aus, wie ich sie aus dem Fernsehen kenne. Ein schmales, helles Kostüm, die Frisur, nur die Miene nicht so streng, sondern freundlich: Sie wollen mich sprechen, ja bitte.

Als wir uns nach einer Stunde verabschieden, weiß ich über die Frau Sahra Wagenknecht nicht viel mehr als vorher. Allerdings hatte ich auch schon die Tage zuvor mit ihr verbracht, ihr Buch »Reichtum ohne Gier« gelesen, den schönen Film »Rot Rosa Sahra« von Wolfgang Herles, der ihr so nahe kommt wie wahrscheinlich möglich, ein paarmal gesehen, ich hatte ihr zuliebe sogar eine halbe Stunde des Linken-Parteitages im Fernsehen ertragen und mich gefragt, was die kluge, gebildete, von einem aristokratischen Flair umgebene Sahra Wagenknecht mit dieser Partei verbinden könnte.

Die ersten sechs Jahre ihres Lebens verbrachte sie bei den Großeltern in Göschwitz, einem kleinen Ort in der Nähe von Jena. In Berlin, wo die Mutter lebte, waren mehrere Versuche, Sahra an einen Kindergarten zu gewöhnen, gescheitert. Sie fand keinen Zugang zu den anderen Kindern, sagt sie, und die anderen Kinder nicht zu ihr. Ein Eigensinn, vor dem die Mutter kapitulierte und ihrer Tochter später in der Schule das Prädikat »nicht kollektivfähig« einbrachte.

Schicksalsgläubige mögen darin ein Zeichen sehen, dass das Leben Besonderes mit ihr vorhatte. Auf jeden Fall lässt sich sagen, dass sie, warum auch immer, ihr Leben als das begonnen hat, was sie bis heute ist: eine Einzelgängerin. Dass ihr Vater Iraner war und aus nicht geklärten Gründen früh aus ihrem Leben verschwand, mag sie in dem Gefühl, anders zu sein als andere, bestärkt haben. Sätze wie: Sich mit einem Ausländer einlassen, das hätte meine Mutter nie gemacht, habe sie schon gehört, sagt sie. Die DDR war eng und geschlossen, Göschwitz erst recht.

Ich stelle mir vor, sie war ein ernstes Kind, das die Welt der Phantasie bald der Gesellschaft von Gleichaltrigen vorzog. Ihre Gefährten wurden Bücher. Mit Goethe sei sie ein politisch denkender Mensch geworden, sagt sie. Noch als Schülerin begann sie, sich mit der Philosophie zu befassen, Hegel, Kant, Marx, was die Distanz zu ihren Altersgenossen vermutlich vergrößert hat. Ihr einzelgängerisches Ich-Bewusstsein, früh diagnostiziert als »Kollektivunfähigkeit«, bildete sich an anderen Kriterien als dem Beifall einer Gesinnungsgemeinschaft.

Die Frage, warum sie mit dieser charakterlichen Voraussetzung dann ein halbes Jahr vor dem Zusammenbruch der DDR neunzehnjährig ausgerechnet in die SED eingetreten sei, liegt nahe und wurde ihr offenbar schon so oft gestellt, dass sie über die Antwort nicht nachdenken muss. Aus Trotz, sagt sie, sie hätte sich als Kommunistin verstanden und wollte die DDR verbessern, nicht aufgeben.

Und später, als alle, die sie gerade noch für ihre idealistische Widerspenstigkeit beschimpft hatten, aus der SED weg- und begeistert Helmut Kohl hinterherliefen, wollte sie zu denen nicht gehören. Dem kollektiven Opportunismus zog sie das Kollektiv der Genossen vor, was umso paradoxer anmutet, als es diese Partei und diese Genossen waren, die ihr zwei Jahre zuvor verwehrt hatten zu studieren.

In der zehnten oder elften Klasse der Oberschule mussten sich alle Kinder einer »vormilitärischen Ausbildung« unterziehen. Mein Sohn, der gleiche Jahrgang wie Sahra Wagenknecht, kam erschüttert aus diesem Lager zurück, und Sahra schnürte es Kehle und Magen zu. Sie konnte nicht essen, was ihr als Hungerstreik und somit äußerster

Widerstand ausgelegt wurde und den Weg zum Studium verbarrikadierte.

Eine Stelle als Sekretärin wurde ihr nachgewiesen, also ein Leben nach Anweisungen, das sie nach drei Monaten kündigte und ihr Geld zunächst als Nachhilfelehrerin verdiente. Sie war allein und las, von Platon bis Marx und Goethe, immer wieder Goethe, ohne sich austauschen zu können über das Gelesene; sie, die neunzehn-, zwanzigjährige Sahra Wagenknecht, allein mit den geistigen Größen der Menschheitsgeschichte.

In ihrer Rezension zu Rüdiger Safranskis Buch »Goethe. Kunstwerk des Lebens« stimmt sie leidenschaftlich Safranskis These zu, Goethes Leben sei ebenso ein Werk wie sein literarisches Werk, ein »Beispiel für ein gelungenes Leben«. Es geht um einen, schreibt Sahra Wagenknecht, »der es als seine Lebensaufgabe begriffen hat, der zu werden, der er war«.

Und das, stelle ich mir vor, muss sehr früh, vielleicht schon in den Jahren ihrer einsamen Lektüre, auch zu ihrem Lebensprogramm geworden sein: das Leben als Werk; die zu werden, die sie ist.

Nach 1990, als es endlich möglich war, begann sie zu studieren, Philosophie und Literaturwissenschaft, und sie trat nach einem Jahr politischer Abstinenz in die PDS ein. Die DDR war nicht mehr zu reformieren, sie war verschwunden, die neue kapitalistische Wirklichkeit hielt sie für mindestens so reformbedürftig. Sie wurde zur Repräsentantin der »Kommunistischen Plattform«, des extrem linken, sogar vom Verfassungsschutz beobachteten Flügels der PDS.

Ich hätte sie damals furchtbar gefunden, sage ich.

»Das ist ja auch kein Wunder bei dem Unsinn, den ich erzählt habe«, sagt sie.

Aber als damals alle, auch die ehemaligen Parteigänger, so maßlos über die DDR hergefallen seien, habe sie einfach das Bedürfnis gehabt, die DDR und sogar die Mauer zu verteidigen. Trotz und Wut. Sahra, die Einzelgängerin, zur Not auch rückwärts.

Warum sie sich, wenn sie die Gesellschaft verändern wollte, nicht der SPD angeschlossen hat oder den Grünen, frage ich.

Die SPD habe ihr schon damals nicht gefallen. Und die Grünen ... Sie zögert. Na ja, sie sei zwar politisch links, im privaten Leben aber doch eher konservativ. Es klingt ein bisschen wie eine Entschuldigung, aber Sahra Wagenknecht zwischen Anton Hofreiter und Claudia Roth erscheint auch mir noch unpassender als zwischen Katja Kipping und Bernd Riexinger.

Mehr als fünfundzwanzig Jahre hat sie mit der Partei gerungen, erst von links und nun, wie ein Teil ihrer Genossen behauptet, von rechts.

Sie war im Parteivorstand, fünf Jahre Abgeordnete in Brüssel, jetzt Fraktionsvorsitzende. Nebenbei hat sie Ökonomie studiert, weil man dem Kapitalismus nicht an den Kragen kann, wenn man nichts von der Wirtschaft versteht.

An der Technischen Universität in Chemnitz hat sie promoviert und hält hier nun einen Vortrag über Europa nach der Krise. Sechshundert Menschen sitzen in dem großen Hörsaal, die wenigsten davon Studenten, aber ein wohlgesonnenes Publikum. Ich kenne Sahra Wagenknecht nur von Bundestagsauftritten oder aus Talkshows, kämpferisch oder polemisch. Hier, in akademischer Umgebung, argumentiert sie in einem spröde freundschaftlichen Ton.

Auf die Frage, welchen Traum von sich sie in ihrer Kindheit oder Jugend hatte, sagt sie: Seit ich angefangen habe, die Philosophen zu lesen, wollte ich Philosophin werden. Vorträge in Universitäten halte sie viel lieber als Wahlkampf- oder Bundestagsreden.

In Chemnitz fragt ein junger Mann aus dem Publikum, warum sie ihr Talent bei den Linken verschwende, statt zur SPD zu kommen, was Anlass zu großem Gelächter gibt. Und ein anderer, der sie Sahra nennt und du, weil sie ja Genossen seien, will wissen: Wie soll man das alles schaffen, Sahra, was hältst du von einer Sammelbewegung?

Die Frage kommt ihr gelegen. Es gebe in Deutschland zwar eine Mehrheit für linke Positionen – für höhere Löhne, bezahlbare Wohnungen, für eine andere Rentenpolitik, die Abschaffung des Hartz-IV-Systems –, aber es gebe keine Mehrheit für die Linke. Alle Parteien verlören Wähler, aber die landeten nicht bei der Linken, sondern bei der AfD. Darum eine Sammelbewegung, deren Charme gerade darin liege, dass sie keine Partei sei. Sie agitiert nicht, sie erklärt, als säßen nicht sechshundert Menschen vor ihr, sondern zwanzig. Wieder sieht sie aus, wie ich sie aus dem Fernsehen kenne, sehr aufrecht, ganz bei sich und schön. Noch nie habe ich gesehen, dass ihr die Gesichtszüge entgleisen.

Sie sei eigentlich keine richtige Politikerin. »Ich schaffe es nicht, kumpelhaft zu wirken, so bin ich einfach nicht«, sagt sie; sagt auch der Psychologe in Wolfgang Herles' Film: Eigentlich ist Sahra keine richtige Politikerin, keine Netzwerkerin. Was aber sind richtige Politiker?

Sahra Wagenknechts Buch »Reichtum ohne Gier« überraschte mich mit einer Selbsterkenntnis: Ich bin doch viel linker, als ich dachte. Bei fast jeder These stimmte ich ihr zu. Wir leben in einer Art Feudalkapitalismus, Reichtum und damit Macht vererben sich wie Adelstitel.

Der Wettbewerb wird sabotiert, weil die Großen die Kleinen schlucken, Patente aufgekauft werden, um sie vor Konkurrenten zu sichern, und somit die Wahlfreiheit der Konsumenten eingeschränkt wird. Es widerspricht der Leistungsgesellschaft, wenn diejenigen am meisten von einem Unternehmen profitieren, die gar nicht für das Unternehmen arbeiten, die Eigentümer und die Hedgefonds, denen die Rendite nicht immer, aber oft wichtiger ist als Investitionen und das Wohlergehen der Angestellten.

Sahra Wagenknecht beruft sich auf die Ordoliberalen der Freiburger Schule (ich musste auch erst lernen, was das ist) und auf Ludwig Erhard, also auf eine soziale Marktwirtschaft. Die braucht einen starken Staat, der Grenzen zieht, innerhalb deren die Wirtschaft sich uneingeschränkt bewegen kann.

Ihr ideales Modell ist ein Unternehmen ohne externe Eigentümer, das sich selbst gehört, das weder verkauft noch gekauft werden kann, dessen Gewinne in die Belegschaft, Investitionen und die Kommune fließen; ein Modell, für das es sogar ein berühmtes Vorbild gibt, die Carl-Zeiss-Jena-Stiftung, die Ende des 19. Jahrhunderts gegründet wurde und erst mit dem Beginn des Kalten Krieges ihr Ende fand.

Das Buch ist nicht nur sehr gut, sondern mit einer argumentativen Leidenschaft geschrieben, der ich mich nicht entziehen konnte, die aber meinen Zweifel, ob die

Lösungsangebote, selbst wenn sie realisierbar wären, wirklich zu mehr Wohlstand und Gerechtigkeit führen würden, auch nicht beheben konnte. Und so bleibt meine persönliche Autorität in Wirtschaftsfragen doch Hans-Werner Sinn, der in Sahra Wagenknechts Buch zwar viele plausible Gedankengänge findet, in der Abschaffung von Kapitalgesellschaften aber keine praktikable Alternative sieht.

Mit der Ankündigung einer linken Sammelbewegung versetzt Sahra Wagenknecht ihre Partei wieder einmal in Aufregung.

Eine linke Sammelbewegung für alle, für Mitglieder der Linken, der SPD, für Parteilose, für alle, die sich wünschen, dass linke Politik wieder mit einer intelligenten, glaubwürdigen Stimme auch für jene spricht, die für die regierenden Parteien die Abgehängten oder Zurückgebliebenen sind, die heute vielleicht die AfD wählen, weil sich links noch keine Partei gefunden hat, die sagt, dass es natürlich eine begrenzte Kapazität für die Aufnahme von Wirtschaftsflüchtlingen gibt, dass ein Sozialstaat heute einen nationalen Rahmen braucht, dass die EU nicht demokratisch strukturiert und die Globalisierung kein Naturgesetz ist.

Sie würde ich sofort wählen, sage ich, aber niemals Ihre Partei. Ihr Lächeln lässt erkennen, dass sie diesen Satz schon oft gehört hat.

Das Gründen von Bewegungen liegt wohl in der politischen Luft. Emmanuel Macron, den Sahra Wagenknecht wegen seiner zentralistischen Vorstellungen nicht schätzt, ist mit seiner Bewegung durchmarschiert. Sebastian Kurz hat seine Partei kurzerhand gekapert. Und Sahra Wagenknecht?

Stellen Sie sich vor, wenn wir mit fünfhunderttausend Leuten vor das Kanzleramt ziehen würden, sagt sie, in Frankreich haben sie das doch auch geschafft. Ich versuche, mir das vorzustellen, schaffe es aber nicht.

Überall, in Frankreich, Polen, Italien, Spanien sind Hunderttausende auf die Straße gegangen, für oder gegen etwas. In Deutschland Hunderte, auch Tausende, nie Hunderttausende seit 1989. Den Menschen gehe es vielleicht noch zu gut, um zu Hunderttausenden zu demonstrieren, vermute ich.

Sahra Wagenknecht glaubt, sie seien nach ihren zwei oder drei Jobs oder der allgemeinen Überforderung, der Angst um den Arbeitsplatz zu ausgepowert, um sich dagegen aufzulehnen. Überhaupt beschwört ihre Schilderung der deutschen Arbeitswelt ein Bild allgemeiner Verelendung: Arbeitslosigkeit, Leiharbeit, erzwungene Teilzeitbeschäftigung, armselige Löhne, fehlende Chancengleichheit durch Bildungsdefizite.

Um sich zu bilden, muss man sich auch bilden wollen, sage ich. Die Schulen kosten nichts, die Universitäten stehen jedem frei. Ist das nicht Chancengleichheit? Und sie, die Bildungsbesessene, die als Schülerin den »Faust« auswendig gelernt hat und, als ihr die Universität verschlossen blieb, die Philosophen eben allein studiert hat, entlastet nun die Bildungsunwilligen von ihrer Verantwortung?

Können nicht auch ungebildete Eltern ihre Kinder anhalten, die Hausaufgaben zu machen und sich in der Schule so zu benehmen, dass andere Kinder und sie selbst lernen können und ihre Lehrer nicht in der Psychiatrie landen?

Sie erzählt von ihrem Besuch in einer Essener Schule,

deren verzweifelte Lehrer sie eingeladen haben, weil sie sich nicht mehr zu helfen wussten. Da konnten Kinder in der fünften Klasse noch nicht Deutsch, aber Lehrerstellen wurden gestrichen, während die Probleme größer wurden. Irgendwas müssen wir mit diesen Kindern doch machen, sagt sie.

Ja, müssen wir, vor allem auch mit ihren Eltern. Vielleicht sammeln sich in ihrer Bewegung ja genügend Lehrer, die wissen, was zu tun wäre.

Es ist unser zweites Treffen. Wir sitzen auf der Terrasse eines Berliner Hotels, es sind zweiunddreißig Grad im Schatten. Sie sieht aus wie immer, keine Schweißperle auf der Stirn, das Gesicht nicht gerötet, etwas Statuenhaftes hat sie an sich.

Ob sie Freunde hat, ja sicher. Sie denkt, man hat nur wenige Freunde im Leben. Und dann, leiser, mit einem kleinen Lachen, schiebt sie einen Satz nach: Oskar hat Freunde, die sind nun auch meine.

Das ist der intimste Satz, der zwischen uns gefallen ist.

Welches Glück die Verbindung mit Oskar Lafontaine für sie bedeutet, hat sie in Interviews freimütig bekannt. Das Saarland ist ihr darüber zur Heimat geworden, auch wegen der Ähnlichkeit der Landschaft mit Thüringen, der Landschaft ihrer frühen Kindheit, vor allem aber wohl wegen der Liebe.

Es wird sich zeigen, wie viel lafontainesche Radikalität in Sahras Sammelbewegung steckt. Ob sie sich vor ihrer eigenen Courage nicht manchmal selbst fürchte, frage ich. Ach nein, das hätte sie nun schon so oft erlebt, das schrecke sie nicht mehr.

Mir fällt die Szene aus dem Stück »Jeanne oder Die Lerche« von Jean Anouilh ein, in der Jeanne dem König Charles erklärt, dass man einfach vorher Angst haben muss. »Gut. Ich habe Angst. Richtig Angst. Noch ein paar Sekunden – so … und jetzt, nachdem ich Angst gehabt habe, jetzt los und drauf!«

Vielleicht hat sie das ja auch gelesen, denke ich, weil ich mir nicht vorstellen kann, dass jemand, auch sie, vor dem kreischenden Hass, der ihr auf dem Parteitag ihrer eigenen Partei entgegengeschlagen ist, sich nicht fürchten könnte.

Ob sie, die Literaturliebhaberin, denn überhaupt noch Zeit finde zum Lesen, frage ich. Sie zählt zwei, drei Bücher auf, ihre Lektüre der letzten Zeit, politische Bücher, nein, Literatur im letzten halben Jahr nicht, aber in ein paar Tagen beginnt der Urlaub, dann bestimmt wieder.

Die Stunde, die sie an diesem Tag Zeit für mich hatte, ist um, der nächste Termin sitzt schon am Nebentisch. Ich hätte gern länger mir ihr gesprochen.

Wenn es unter den deutschen Politikern, die sich heute als links verstehen, eine Person gibt, die eine Bewegung hinter sich vereinen kann, dann ist es wohl Sahra Wagenknecht, die Einzelgängerin, die auch ihren politischen Gegnern durch Intelligenz und Sachkenntnis Achtung abringt, der die Fähigkeit zum Opportunismus nicht gegeben ist und die den Mut hat, entgegen der gesamten linkskonservativen Einheitsfront die soziale Notwendigkeit des Nationalstaats zu behaupten, ohne nationalistischer Ambitionen verdächtig zu sein.

Das Programm der Sammelbewegung kennen wir noch nicht, nur ihren herausfordernden Namen »Aufstehen«. Zu wünschen ist, dass es genügend Raum bietet auch für linksliberale Vorstellungen und mit den Interessen derer vereint, die einmal die natürliche Klientel der Sozialdemokraten und Linken waren und heute politisch heimatlos oder AfD-Wähler sind.

Und auch wer einer linken Sammelbewegung wenig oder gar nichts abgewinnen kann, darf hoffen, dass mit einer intelligenten linken Kraft das Niveau der politischen Auseinandersetzung von links bis rechts wieder auf ein zumutbares Maß angehoben wird. Also, Sahra, wirf den Stein und lauf ihm nach. Viel Glück!

2018

UNSER GALLIGES GELÄCHTER

Es gab nicht viel, was ich vermisst habe, nachdem die DDR im Orkus der Geschichte versunken war. Und was ich hätte vermissen können, den Bautzener Senf zum Beispiel, gibt es ja heute noch. Nur eins schien mir für immer verloren zu sein, weil es einem an diesen Ort und diese Zeit gebundenen, unentrinnbaren und demütigenden Gefühl der Ohnmacht entsprungen war: unser galliges Gelächter.

Wenn Menschen aus dem Westen mir erzählen, was sie in der DDR erlebt haben – meistens sind es Geschichten vom Grenzübergang, wo sie ein Ohrläppchen herzeigen mussten, oder von Gaststättenbesuchen, wo sie schlecht behandelt wurden und über das Wort Sättigungsbeilage gelacht haben – wenn sie mir also diese Geschichten erzählen, frage ich: Und waren Sie auch in Wohnungen? Denn wenn sie nicht in Wohnungen waren, wissen sie nichts. In den Wohnungen saßen wir am Abend und bis in die Nacht, tranken schlechten Wein und lachten auf diese besondere bittere Art. Wir hatten viel Zeit, waren selten verreist, und weil viele kein Telefon hatten, klingelten sie abends an den Türen ihrer Freunde und waren einfach da. Und dann erzählte man, was man erlebt hatte auf dem Wohnungsamt, mit der Polizei, im Betrieb oder Institut, mit einem Parteisekretär, dem Chefredakteur, den Handwerkern, den Taxifahrern, beim Schuhekaufen für die Kinder, und fast alle diese Geschichten waren so absurd, dass man darüber nur verzweifeln, vor Wut toben oder darüber lachen konnte, wütend und verzweifelt lachen. Dieses Gelächter war eine Form des Widerstands, es einte uns und zog eine Wand zum Rest der kleinen, für uns bestimmten Welt. Dann öffnete sich die Welt, und damit verstummte auch dieses Gelächter. Jeder, der sprechen wollte, konnte nun sprechen, wer schreiben wollte, konnte schreiben, und wer für oder gegen etwas kämpfen wollte, konnte das öffentlich und ungefährdet tun. Die Erinnerung an unser galliges Gelächter habe ich bewahrt wie die Erinnerung an alles, das schön war in dieser Zeit: die Jugend, Liebe, Freundschaft.

Aber seit einigen Jahren höre ich es wieder, ein böses, hilfloses Lachen, von mir und von anderen, von Ostdeutschen und von Westdeutschen auch. Inzwischen haben wir alle Telefone, sogar mobile, wir haben weniger Zeit und sind oft verreist, wir klingeln nicht einfach bei Freunden, sondern verabreden uns, wir schicken uns Artikel per E-Mail, und wenn wir sie gelesen haben, telefonieren wir, fragen uns gegenseitig, ob die alle irre sind oder wir selbst, und weil wir uns nicht erklären können, warum das alles passiert, warum uns eine genderisierte Sprachverstümmelung zugemutet wird, warum Hunderttausende Windräder gebaut werden sollen, die den Energiebedarf nicht werden sichern können, gleichzeitig aber auf Elektroautos und -roller gesetzt wird, warum Hunderttausende Einwanderer ins Land gelassen werden, von denen man weiß, dass sie nicht bleiben dürften, man sie aber auch nicht wieder außer Landes bringen kann, warum uns nun täglich mit dem Weltuntergang gedroht wird, obwohl niemand wissen kann, ob er stattfinden wird, weil wir uns das alles trotz ehrlichen Bemühens einfach nicht erklären können, verfallen wir nach einigem Stöhnen und ratlosen Sätzen in dieses besondere, gallige Gelächter.

Ich habe nicht für möglich gehalten, dass mir das noch einmal passiert. Als ich 1988 aus Ost-Berlin nach Hamburg gezogen bin und bei Zarrentin zum ersten Mal über die Grenze fuhr und das Schild mit dem Bundesadler sah, breitete sich in mir das Wort Freiheit zu einem Glücksgefühl aus. Und so war es auch. Ich war frei; frei zu schreiben, zu sprechen, zu leben. Und als ich binnen kürzester Zeit mit den Hamburger Grünen und Feministinnen zusammenprallte, war das eine lehrreiche Erfahrung, mehr nicht. Ich ahnte nur, dass das keine wunderbare Freundschaft werden könnte. Aber sie waren nicht das Land, nicht die Zeitungen, nicht der Rundfunk, auch wenn sie da gewiss saßen, aber sie beherrschten sie nicht.

Mit dem Verschwinden der DDR war ich von ihr auch literarisch befreit und schrieb einen Roman über die Liebe, danach die Geschichte meiner Familie; ich holte nach, wozu mir die Umstände meines Lebens zuvor keinen Atem gelassen hatten. Meine politischen Interventionen und Zwischenrufe, vor allem zu den Asymmetrien der deutschen Vereinigung, schrieb ich für Zeitungen.

Als ich 2010 begann, mich für den Islam zu interessieren, ging es mir weniger um den Islam als um den Umgang mit seinen Kritikern, in dem ich ein Muster wiederzuerkennen glaubte. Islamkritiker wie Necla Kelek wurden plötzlich als »Heilige Krieger« und »Hassprediger« beschimpft, als stünde es ihnen nicht zu, sich mit ihrer eigenen Herkunft und Kultur auseinanderzusetzen. Sie wurden ihrer eigenen Konflikte beraubt, die nun von der westdeutschen Linken als deren eigene Angelegenheit übernommen wurden, so wie auch die Ostdeutschen von ihren Konflikten enteignet wurden, indem jedes Problem, das sie miteinander hatten, in das Konfliktpotenzial westdeutscher Parteien integriert wurde und fortan als Ost-West-Konflikt galt, als wären die Ostdeutschen vierzig Jahre lang eine homogene Masse gewesen. In beiden Fällen ging es darum, die Deutungshoheit in einem Konflikt, an dem man nur mittelbar beteiligt war, an sich zu reißen und an den eigenen Interessen auszurichten.

In den Jahren 2014, als die Pegida zum ersten Mal auf die Dresdener Straßen ging, und 2015, als eine Million Flüchtlinge und Einwanderer unkontrolliert die deutschen Grenzen passierten, verwandelten sich diese Konfliktfelder in Kampfzonen, in denen die Begriffe links und rechts endgültig bedeutungslos wurden. Wer die bis dahin selbstverständlichen Forderungen der Linken wie die Aufklärung, den säkularen Staat und die Frauenrechte verteidigte, fand sich plötzlich auf dem rechten Kampffeld wieder; und meine linken grünen Feministinnen aus Hamburg verteidigten vermutlich leidenschaftlich das islamische Kopftuch und forderten Verständnis auch für die hartgesottensten muslimischen Frauenverächter, was für mich bedeutet: sie waren zu Reaktionärinnen mutiert, also rechts.

Der Osten avancierte in den Jahren danach von der Mitleids- und Witzfigur der Medien zu ihrer Hassfigur. Die dummen Ostdeutschen, die eben keine Fremden kannten, obwohl sie seit einem Vierteljahrhundert selbst durch die Welt reisten, auch in Dresden ARD und ZDF sehen konnten und die seit 1990 Hunderttausende Spätaussiedler aus Russland und Kasachstan aufgenommen hatten. Sie hatten erlebt, wie ihre gut ausgebildeten Kinder in den Westen abwanderten, weil sie im Osten keine Arbeit fanden, und ließen sich nun erzählen, dass schlecht ausgebildete, fremde junge Männer als Arbeitskräfte gebraucht würden. Seit 1990 sind fünf Millionen Ostdeutsche in den Westen gezogen. Die Jugend, die dem Osten fehlt, lebt im Westen. Auch danach hätte man fragen können, ehe man ganz Sachsen zum Nazi-Sumpf erklärt und, wie eine Journalistin kürzlich stolz verkündete, keinen sächsischen Apfelsaft mehr kauft. Man hätte fragen können, was die Menschen plötzlich auf die Straße treibt, bevor man sie als »besorgte Bürger« lächerlich macht, als »Abgehängte« diffamiert und über den Umweg rechtsradikal und rechtsextrem als Nazis über eine Grenze schiebt, die sie vielleicht nie hatten übertreten wollen. Aber Rechte fragt man nicht, mit Rechten redet man nicht, Bücher von Rechten liest man nicht, Rechten darf man ihre Stände auf Buchmessen verwüsten, Rechten hört man nicht zu und antwortet ihnen nicht – und wer oder was rechts ist, entscheidet jeder, der sich für links hält. Schon die Frage, ob der Klimawandel wirklich nur menschengemacht ist oder wie viel Einwanderung eine Gesellschaft verträgt, ohne schwerwiegenden Schaden zu nehmen, oder ob dieses Genderkauderwelsch wirklich den Frauen nutzt, kann ausreichen, um rechter Gesinnungsart verdächtigt zu werden.

Wie es scheint, hat die grün-linke Seite, verstärkt durch eine gewandelte CDU, den Kampf um die Deutungshoheit gewonnen um den Preis, dass die AfD zu einer konstanten politischen Kraft geworden ist und 80 Prozent der Bevölkerung laut einer Allensbach-Umfrage ihre Meinung zu bestimmten politischen Themen öffentlich nicht mehr äußert. Was für ein Sieg!

Kürzlich erzählte ich einem Freund, ich fühlte mich beim Schreiben zuweilen wie früher, als ich mein erstes Buch *Flugasche* geschrieben habe, wieder gedrängt ins Politische, weil es mich jeden Tag umtreibt, und bedrängt von dem Gedanken, was ich mir wohl einbrocke, wenn ich einen Protagonisten meines Buches diesen oder jenen Satz sagen lasse. Der Freund war empört: Wie ich die Bundesrepublik mit der DDR vergleichen könne und ob ich noch ganz bei Verstand sei. Es liegt mir fern, die Bundesrepublik mit der DDR zu vergleichen. Weder fürchte ich, mein Buch könnte wie in der DDR verboten werden, noch halte ich für möglich, dass ich juristisch belangt werden könnte. Und trotzdem habe ich dieses Gefühl.

Natürlich, Deutschland ist ein Rechtsstaat; darum werden Bücher nicht verboten und Schriftsteller nicht verhaftet. Aber jenseits des Gesetzes gibt es eine Deutungsmacht, die blindlings mit Verdächtigungen und Diffamierungen um sich werfen darf, sobald das, was sie als Wahrheit ausgibt, infrage gestellt wird. Dann wird man in den Medien unversehens zum »neurechten Autor« oder zu jemandem, der »neurechtem Gedankengut nahe steht« oder dergleichen. Jörg Baberowski, Professor an der Humboldt-Universität Berlin, wird seit Jahren von einer Gruppe linksradikaler Studenten tyrannisiert, vor denen seine Universität ihn nicht schützt. Als Uwe Teilkamp in einem öffentlichen Gespräch mit Durs Grünbein sagte, seine Meinung sei nicht erwünscht, nur geduldet, bestätigte das der Suhrkamp Verlag noch am selben Abend per Twitter, indem er sich von der Meinung seines Autors Tellkamp distanzierte. Der Maler Axel Krause wurde von einer Leipziger Ausstellung wieder ausgeladen, weil er Meinungen vertrat, die auch von der AfD zu hören sind, aber durchaus im Rahmen eines vernünftigen Diskurses blieben. Mit seinen Bildern hatte das nichts zu tun.

Es gibt auch in einem Rechtsstaat Möglichkeiten, Menschen wegen unerwünschter Meinungen die Existenz zu erschweren oder sogar zu zerstören. Wenn Zweifel schon verdächtig sind, wenn Fragen als Provokationen wahrgenommen werden, wenn Bedenken als reaktionär gelten, wenn im Streit nur eine Partei immer recht hat, können einen alte Gefühle eben überkommen. Und dann kann man darüber verzweifeln, vor Wut toben oder darüber lachen, unser schönes galliges Gelächter.

2019

TEXTNACHWEIS

»Wir wollen trinken und dann ein bisschen weinen.« In: Maron, Monika: *Geburtsort Berlin.* Mit Fotos von Jonas Maron. Frankfurt am Main: S. Fischer. 2003. S. 15–47.

»Liebster Heinrich!« In: *DU. Das Kulturmagazin.* 1988/1989.

»Ich war ein antifaschistisches Kind. Eine Rede über Deutschland.« In: *Die Zeit.* 1. Dezember 1989.

»Zonophobie.«. In: *Der Spiegel.* 24. August 1992.

»Zwei Brüder.«. In: *Der Spiegel.* 13. März 1995.

»Im Osten nichts als Opfer? Solange die Deutschen sich scheuen, untereinander wie unter Gleichen zu streiten, bleiben die Sieger- und Verliererrollen weiterhin bequem verteilt. Vom notwendigen Ende der Lebenslüge.« In: *Berliner Zeitung.* 9. Mai 1998.

»Lebensentwürfe, Zeitenbrüche. Vom Nutzen und Nachteil dunkler Brillen: Wer es sich zu einfach macht beim Rückblick auf seine Geschichte, beraubt sich seiner Biografie.« In: *Süddeutsche Zeitung.* 13. September 2002.

»Rede zum Nationalpreis.« In: *Süddeutsche Zeitung*. 17. Juni 2003.

»Die Besserfundis.« In: *Der Spiegel*. 25. Januar 2010.

»Warum ich nie Latein gelernt habe.« Dankrede für den Humanismus-Preis der deutschen Altphilologen. In: *Süddeutsche Zeitung*. 10./11. April 2010.

»Das Licht des Wissens.« Rede zum Lessing-Preis 2011 des Freistaates Sachsen. In: *Der Spiegel*. 24.01.2011.

»Uns geht es gut.« In: *Cicero. Magazin für politische Kultur*. 2012.

»Zeitunglesen. Bin ich vielleicht verrückt geworden?« In: *Der Spiegel*. 19. August 2013.

»Na, Bruno.« In: *Literaturen. Zeitschrift für Leser*. Januar 2010.

»Neues aus dem Osten.« Erschienen unter dem Titel: »Schaut nur hin auf diese Menschen.« In: *Cicero. Magazin für politische Kultur*. 27. November 2017.

»Links bin ich schon lange nicht mehr.« In: *Neue Zürcher Zeitung*. 30. Juni 2017.

»Das Leben als Werk.« In: *Die Welt*. 6. August 2018.

»Unser galliges Gelächter.« In: *Neue Zürcher Zeitung*. 7. November 2019.